《蘇州全書》編纂出版委員會 編

·中山傳信録

蘇州全書

甲編

古吳軒出版社
蘇州大學出版社

圖書在版編目(CIP)數據

中山傳信録 / (清) 徐葆光纂. -- 蘇州 : 古吳軒出版社 : 蘇州大學出版社, 2023.6
(蘇州全書)
ISBN 978-7-5546-2147-9

Ⅰ. ①中… Ⅱ. ①徐… Ⅲ. ①臺灣—地方史—史料—清代 Ⅳ. ① K295.8

中國國家版本館 CIP 數據核字 (2023) 第 103186 號

責任編輯 黄菲菲
裝幀設計 周 晨 李 璇
責任校對 戴玉婷

書　　名 中山傳信録
纂　　者 〔清〕徐葆光
出版發行 古吳軒出版社
地址：蘇州市八達街118號蘇州新聞大厦30F　電話：0512-65233679
蘇州大學出版社
地址：蘇州市十梓街1號　電話：0512-67480030
印　　刷 常州市金壇古籍印刷廠有限公司
開　　本 889 × 1194　1/16
印　　張 37.25
版　　次 2023 年 6 月第 1 版
印　　次 2023 年 6 月第 1 次印刷
書　　號 ISBN 978-7-5546-2147-9
定　　價 280.00 元

《蘇州全書》編纂工程

總主編

曹路寶　吴慶文

學術顧問

（按姓名筆畫爲序）

王　芳　王　宏　王　堯　王　鍔　王紅蕾　王華寶　王爲松　王衛平
王餘光　王鍾陵　朱棟霖　朱誠如　任　平　全　勤　江慶柏　江澄波
汝　信　阮儀三　杜澤遜　李　捷　吴　格　吴永發　何建明　言恭達
沈坤榮　沈燮元　武秀成　范小青　范金民　茅家琦　周　秦　周少川
周國林　周勛初　周新國　胡可先　胡曉明　姜　濤　姜小青　韋　力
姚伯岳　馬亞中　袁行霈　華人德　莫礪鋒　徐　俊　徐　海　徐　雁
徐惠泉　徐興無　唐力行　陸振嶽　陸儉明　陳子善　陳正宏　陳尚君
陳紅彦　陳廣宏　黄愛平　黄顯功　崔之清　張乃格　張志清　張伯偉
張海鵬　葉繼元　葛劍雄　單霽翔　程章燦　程毅中　喬治忠　鄔書林
賀雲翱　詹福瑞　趙生群　廖可斌　熊月之　樊和平　劉　石　劉躍進
閻曉宏　錢小萍　戴　逸　韓天衡　嚴佐之　顧　藻

《蘇州全書》編纂出版委員會

前言

中華文明源遠流長，文獻典籍浩如烟海。這些世代累積傳承的文獻典籍，是中華民族生生不息的文脉和根基。蘇州作爲首批國家歷史文化名城，素有『人間天堂』之美譽。自古以來，這裏的人民憑藉勤勞和才智，創造了極爲豐厚的物質財富和精神文化財富，使蘇州不僅成爲令人嚮往的『魚米之鄉』，更是實至名歸的『文獻之邦』，爲中華文明的傳承和發展作出了重要貢獻。

蘇州被稱爲『文獻之邦』由來已久，早在南宋時期，就有『吳門文獻之邦』的記載。宋代朱熹云：『文，典籍也；獻，賢也。』蘇州文獻之邦的地位，是歷代先賢積學修養、劬勤著述的結果。明人歸有光《送王汝康會試序》云：『吳爲人材淵藪，文字之盛，甲於天下。』朱希周《長洲縣重修儒學記》亦云：『吳中素稱文獻之邦，蓋子游之遺風在焉，士之嚮學，固其所也。』《江蘇藝文志·蘇州卷》收録自先秦至民國蘇州作者一萬餘人，著述達三萬二千餘種，均占江蘇全省三分之一强。古往今來，蘇州曾引來無數文人墨客駐足流連，留下了大量與蘇州相關的文獻。時至今日，蘇州仍有約百萬册的古籍留存，入選『國家珍貴古籍名録』的善本已達三百一十九種，位居全國同類城市前列。其中的蘇州鄉邦文獻，歷宋元明清，涵經史子集，寫本刻本，交相輝映。此外，散見於海内外公私藏家的蘇州文獻更是不可勝數。它們載録了數千年傳統文化的精華，也見證了蘇州曾經作爲中國文化中心城市的輝煌。

蘇州文獻之盛得益於崇文重教的社會風尚。春秋時代，常熟人言偃就北上問學，成爲孔子唯一的南方弟子。歸來之後，言偃講學授道，文開吳會，道啓東南，被後人尊爲『南方夫子』。西漢時期，蘇州人朱買臣負薪讀書，穹窿山中至今留有其『讀書臺』遺迹。兩晉六朝，以『顧陸朱張』爲代表的吴郡四姓涌現出大批文士，在不少學科領域都貢獻卓著。及至隋唐，蘇州大儒輩出，《隋書·儒林傳》十四人入傳，其中籍貫吴郡者二人；《舊唐書·儒學傳》三十四人入正傳，其中籍貫吴郡（蘇州）者五人。文風之盛可見一斑。北宋時期，范仲淹在家鄉蘇州首創州學，並延名師胡瑗等人教授生徒，此後縣學、書院、社學、義學等不斷興建，蘇州文化教育日益發展。故明人徐有貞云：『論者謂吾蘇也，郡甲天下之郡，學甲天下之學，人才甲天下之人才，偉哉！』在科舉考試方面，蘇州以鼎甲萃集爲世人矚目，清初汪琬曾自豪地將狀元稱爲蘇州的土産之一，有清一代蘇州狀元多達二十六位，占全國的近四分之一，由此而被譽爲『狀元之鄉』。近現代以來，蘇州在全國較早開辦新學，發展現代教育，涌現出顧頡剛、葉聖陶、費孝通等一批大師巨匠。中華人民共和國成立後，社會主義文化教育事業蓬勃發展，蘇州英才輩出、人文昌盛，文獻著述之富更勝於前。

蘇州文獻之盛受益於藏書文化的發達。蘇州藏書之風舉世聞名，千百年來盛行不衰，具有傳承歷史長、收藏品質高、學術貢獻大的特點，無論是卷帙浩繁的圖書還是各具特色的藏書樓，以及延綿不絶的藏書傳統，都成爲中華文化重要的組成部分。據統計，蘇州歷代藏書家的總數，高居全國城市之首。南朝時期，蘇州就出現了藏書家陸澄，藏書多達萬餘卷。明清兩代，蘇州藏書鼎盛，絳雲樓、汲古閣、傳是樓、百宋一廛、藝芸書舍、鐵琴銅劍樓、過雲樓等藏書樓譽滿海内外，彙聚了大量的珍貴文獻，對古代典籍的收藏保護厥功至偉，亦於文獻校勘、整理裨益甚巨。《舊唐書》自宋至明四百多年間已難以考覓，直至明嘉靖十七年（一五三八），聞人詮在蘇州爲官，搜討舊籍，方從吴縣王延喆家得《舊唐書》『紀』和『志』部分，從長洲張汴家得《舊唐書》『列傳』部分，『遺籍俱出宋時模板，旬月之間，二美璧合』，于是在蘇州府學中槧刊，《舊唐書》自此得以彙而成帙，復行於世。清代嘉道年間，蘇州黄丕烈和顧廣圻均爲當時藏書名家，且善校書，『黄跋顧校』在中國文獻史上影響深遠。

蘇州文獻之盛也獲益於刻書業的繁榮。蘇州是我國刻書業的發祥地之一，早在宋代，蘇州的刻書業已經發展到了相當高的水平，至今流傳的杜甫、李白、韋應物等文學大家的詩文集均以宋代蘇州官刻本爲祖本。宋元之際，蘇州磧砂延聖院還主持刊刻了中國佛教史上著名的《磧砂藏》。明清時期，蘇州成爲全國的刻書中心，所刻典籍以精善享譽四海，明人胡應麟有言：『凡刻之地有三，吴也、越也、閩也。』他認爲『其精，吴爲最』『其直重，吴爲最』。又云：『余所見當今刻本，蘇常爲上，金陵次之，杭又次之。』清人金埴論及刻書，仍以胡氏所言三地爲主，則謂『吴門爲上，西泠次之，白門爲下』。明代私家刻書最多的汲古閣、清代坊間刻書最多的掃葉山房均爲蘇州人創辦，晚清時期頗有影響的江蘇官書局也設於蘇州。據清人朱彝尊記述，汲古閣主人毛晉『力搜秘册，經史而外，百家九流，下至傳奇小説，廣爲鏤版，由是毛氏鋟本走天下』。由於書坊衆多，蘇州還産生了書坊業的行會組織崇德公所。明清時期，蘇州刻書數量龐大，品質最優，裝幀最爲精良，爲世所公認，國内其他地區不少刊本也都冠以『姑蘇原本』，其傳播遠及海外。

蘇州傳世文獻既積澱着深厚的歷史文化底藴，又具有穿越時空的永恒魅力。從范仲淹的『先天下之憂而憂，後天下之樂而樂』，到顧炎武的『天下興亡，匹夫有責』，這種胸懷天下的家國情懷，早已成爲中華民族精神的重要組成部分，傳世留芳，激勵後人。南朝顧野王的《玉篇》，隋唐陸德明的《經典釋文》、陸淳的《春秋集傳纂例》等均以實證明辨著稱，對後世影響深遠。明清時期，馮夢龍的《喻世明言》《警世通言》《醒世恒言》，在中國文學史上掀起市民文學的熱潮，具有開創之功。吴有性的《温疫論》、葉桂的《温熱論》，開温病學研究之先河。蘇州文獻中藴含的求真求實的嚴謹學風、勇開風氣之先的創新精神，已經成爲一種文化基因，融入了蘇州城市的血脉。不少蘇州文獻仍具有鮮明的現實意義。明代費信的《星槎勝覽》，是記載歷史上中國和海上絲綢之路相關國家交往的重要文獻。鄭若曾的《籌海圖編》和徐葆光的《中山傳信録》，爲釣魚島及其附屬島嶼屬於中國固有領土提供了有力證據。魏良輔的《南詞引正》、嚴澂的《松絃館琴譜》、計成的《園冶》，分别是崑曲、古琴及園林營造的標志性成果，這些藝術形式如今得以名列世界文化遺産，與上述名著的嘉惠滋養密不可分。

維桑與梓，必恭敬止；文獻流傳，後生之責。蘇州先賢向有重視鄉邦文獻整理保護的傳統。方志編修方面，范成大《吴郡志》爲方志創體，其後名志迭出，蘇州府縣志、鄉鎮志、山水志、寺觀志、人物志等數量龐大，構成相對完備的志書系統。地方總集方面，南宋鄭虎臣輯《吴都文粹》、明錢穀輯《吴都文粹續集》、清顧沅輯《吴郡文編》先後相繼，收羅宏富，皇皇可觀。常熟、太倉、崑山、吴江諸邑，周莊、支塘、木瀆、甪直、沙溪、平望、盛澤等鎮，均有地方總集之編。及至近現代，丁祖蔭彙輯《虞山叢刻》《虞陽説苑》，柳亞子等組織『吴江文獻保存會』，爲搜集鄉邦文獻不遺餘力。江蘇省立蘇州圖書館於一九三七年二月舉行的『吴中文獻展覽會』規模空前，展品達四千多件，並彙編出版吴中文獻叢書。然而，由於時代滄桑，圖書保藏不易，蘇州鄉邦文獻中『有目無書』者不在少數。同時，囿於多重因素，蘇州尚未開展過整體性、系統性的文獻整理編纂工作，許多文獻典籍仍處於塵封或散落狀態，没有得到應有的保護與利用，不免令人引以爲憾。

進入新時代，黨和國家大力推動中華優秀傳統文化的創造性轉化和創新性發展。習近平總書記强調，要讓收藏在博物館裏的文物、陳列在廣闊大地上的遺産、書寫在古籍裏的文字都活起來。二〇二二年四月，中共中央辦公廳、國務院辦公廳印發《關於推進新時代古籍工作的意見》，確定了新時代古籍工作的目標方向和主要任務，其中明確要求『加强傳世文獻系統性整理出版』。盛世修典，賡續文脉，蘇州文獻典籍整理編纂正逢其時。二〇二二年七月，中共蘇州市委、蘇州市人民政府作出編纂《蘇州全書》的重大決策，擬通過持續不斷努力，全面系統整理蘇州傳世典籍，着力開拓研究江南歷史文化，編纂出版大型文獻叢書，同步建設全文數據庫及共享平臺，將其打造爲彰顯蘇州優秀傳統文化精神的新陣地，傳承蘇州文明的新標識，展示蘇州形象的新窗口。

『睹喬木而思故家，考文獻而愛舊邦。』編纂出版《蘇州全書》，是蘇州前所未有的大規模文獻整理工程，是不負先賢、澤惠後世的文化盛事。希望藉此系統保存蘇州歷史記憶，讓散落在海内外的蘇州文獻得到挖掘利用，讓珍稀典籍化身千百，成爲認識和瞭解蘇州發展變遷的津梁，並使其中蘊含的積極精神得到傳承弘揚。

觀照歷史，明鑒未來。我們沿着來自歷史的川流，承荷各方的期待，自應負起使命，砥礪前行，至誠奉獻，讓文化薪火代代相傳，並在守正創新中發揚光大，爲推進文化自信自强、豐富中國式現代化文化内涵貢獻蘇州力量。

《蘇州全書》編纂出版委員會

二〇二二年十二月

凡例

一、《蘇州全書》（以下簡稱『全書』）旨在全面系統收集整理和保護利用蘇州地方文獻典籍，傳播弘揚蘇州歷史文化，推動中華優秀傳統文化傳承發展。

二、全書收録文獻地域範圍依據蘇州市現有行政區劃，包含蘇州市各區及張家港市、常熟市、太倉市、崑山市。

三、全書着重收録歷代蘇州籍作者的代表性著述，同時適當收録流寓蘇州的人物著述，以及其他以蘇州爲研究對象的專門著述。

四、全書按收録文獻内容分甲、乙、丙三編。每編酌分細類，按類編排。

（一）甲編收録一九一一年及以前的著述。一九一二年至一九四九年間具有傳統裝幀形式的文獻，亦收入此編。按經、史、子、集四部分類編排。

（二）乙編收録一九一二年至二〇二一年間的著述。按哲學社會科學、自然科學、綜合三類編排。

（三）丙編收録就蘇州特定選題而研究編著的原創書籍。按專題研究、文獻輯編、書目整理三類編排。

五、全書出版形式分影印、排印兩種。甲編書籍全部采用繁體竪排；乙編影印類書籍，字體版式與原書一致；乙編排印類書籍和丙編書籍，均采用簡體横排。

六、全書影印文獻每種均撰寫提要或出版説明一篇，介紹作者生平、文獻内容、版本源流、文獻價值等情況。影印底本原有批校、題跋、印鑒等，均予保留。底本有漫漶不清或缺頁者，酌情予以配補。

七、全書所收文獻根據篇幅編排分册，篇幅適中者單獨成册，篇幅較大者分爲序號相連的若干册，篇幅較小者按類型相近原則數種合編一册。數種文獻合編一册以及一種文獻分成若干册的，頁碼均連排。各册按所在各編下屬細類及全書編目順序編排序號。

中山傳信録

〔清〕徐葆光　纂

據蘇州圖書館藏清康熙六十年（一七二一）徐氏二友齋刻本影印，配以中國國家圖書館、上海圖書館藏本。

提要

《中山傳信録》六卷，清徐葆光纂。

徐葆光（一六七一—一七四〇），字亮直，號澂齋，別号二友老人。清長洲人。康熙五十一年（一七一二）探花，授翰林院編修。工詩文，擅書法。著有《二友齋文集》《二友齋詩集》《海舶集》《淳化閣帖考》《水經注鈔》等。

康熙五十八年（一七一九），翰林院檢討海寶、編修徐葆光奉詔爲正副使，册封琉球國世子尚敬。六月登島，翌年二月返程，在中山凡閲八月。琉球見自《隋書》，傳載簡略。明洪武五年（一三七二），始通中朝。葆光見明陳侃《使琉球録》、清張學禮《中山紀略》等書多有闕誤，封宴之暇，遂求示《中山世鑑》及圖籍地志，又與其大夫之通文字、譯詞者遍游山海間，繪山川，備物産，考制度，究禮儀，觀風俗，撰成《中山傳信録》進呈。

是書六卷，前有汪士鋐序、徐葆光自序，卷一、卷二載奉使册封之行迹，卷三備録中山王國世系，卷四至卷六詳記琉球地理、官制禮儀、宗教信仰、經濟生産、自然景觀、物産風俗、語言文字等，末附翁長祚後序。全書體例合理，廣征博引，親歷考證，内容翔實，文圖並茂，翁長祚譽曰『不支不漏，有典有則』，汪士鋐亦稱『證之史牒，信而有徵』，洵琉球志書之集大成者，於琉球社會、歷史、風俗暨中琉關係、航海信息、文化交流與文學互動之研究，頗多助益，向爲世人所珍重。所繪《琉球三十六島圖》《琉球地圖》，尤具史料價值，具載福建通往琉球之航路，表明釣魚島及其附屬島嶼乃中國固有之領土。

是書自康熙六十年（一七二一）初刻以來，流傳甚廣，修訂重印者衆，另有道光、光緒節略本，日本重刻、譯注本及法國傳教士宋君榮翻譯本。《四庫全書存目叢書》《國家圖書館藏琉球資料彙編》《傳世漢文琉球文獻輯稿》等均予以收録。本次影印以蘇州圖書館藏清康熙六十年徐氏二友齋刻本爲底本，配以中國國家圖書館、上海圖書館藏本。原書框高十九・三厘米，廣十六・四厘米，鈐有『二友齋』『杭玉騏印』『蘭汀』諸印。

康熙庚子七月十一日熱河進
呈冊封琉球圖本副墨

中山傳信録

康熙六十年辛丑刊
二友齋藏板

中山傳信録序

古者輶軒之使必紀土風誌物宜所以重其俗也况於萬里之外蠻夷海島之中乎編修澄齋徐館丈之使琉球也以文章華國以政事經邦而且儀容端偉言辭敏妙真可謂使於四方不辱君命者矣歸而作中山傳信

録凡若干卷中列中山王圖紀其宴享以志其崇奉中國之誠又為之表其世系度其封疆與其官秩之崇卑廪禄之厚薄又為之定其針路無過用夘針則無流至葉壁山之患終為之圖寫土產卉木動植之物必肖其狀而首則著其揚帆奉使為封

舟圖以見
聖天子威靈呵護出入於千波
萬水之中經涉魚龍窟穴雖掀
風鼓浪如履平地猗歟壯哉往
者族父舟次先生奉使時排日
赴宴宴畢即上船候風令徐君
公事畢間與其陪臣搜巖剔壑
揮筆賦詩非以是侈其遊眺蓋

将歸而著述以為得之傳聞不
如目見者之為真也其國官之
尊者曰紫金大夫時為之者即
舟次先生前使時所請陪臣子
弟入學讀書者也其文辭可觀
與之言娓娓有致令之所述皆
得之其口與其諸臣所言證之
史牒信而有徵嵇含之南方草

木狀范成大之桂海虞衡志豈
足羨哉賦皇華者所宜人置一
編者也康熙六十年左春坊左
中允南書房舊直汪士鋐序

中山傳信錄序

琉球見自隋書其傳甚畧北史唐書宋元諸史因之正史而外如杜氏通典集事淵海星槎勝覽蠃蟲錄等書所載山川風俗物產皆多舛漏前明洪武五年中山王察度始通中朝而明一統志成於天順初百年中爲時未久故所載皆仍昔悞幾無一實焉嘉靖甲午陳給事侃奉使始有錄歸上於朝其疏云訪其山川風俗人物之詳且駁羣書之謬以成紀畧質異二卷末載國語國字而今鈔本什存二三矣萬曆中

再遣使蕭崇業夏子陽皆有錄而前後相襲崇禎六年杜三策從客胡靖記尤俚誕　本朝康熙二年兵科張學禮使畧雜錄二卷頗詳於昔二十二年檢討汪楫譔中山沿革志二卷雜錄五卷典實遠非前比然於山川轄屬仍有闕畧風俗制度物產等亦俱未備蓋使期促迫捜討倉猝語言文字彼此訛謬是以所聞異詞傳焉寡信今臣奉

命爲檢討臣海寶副以往自巳亥六月朔至國候汛踰年至庚子二月十六日始行計在中山凡八閱月封

宴之暇先致語國王求示中山世鑑及山川圖籍又時與其大夫之通文字譯詞者遍遊山海間遠近形勢皆在目中考其制度禮儀觀風問俗下至一物異狀必詢名以得其實見聞互証與之往復去疑存信因并海行針道封宴諸儀圖狀并列編爲六卷雖未敢自謂一無舛漏以云傳信或庶幾焉且諸史於外邦載記大率荒畧今琉球雖隔大海新測晷景與福州東西相値僅一千七百里世世受封歲歲來貢與

內地無異伏覩

禁廷新刋輿圖朝鮮哈密拉藏屬國等圖皆在焉海外
藩封例得附於其次若仍前誕妄不爲釐正亦何以
見
聖朝風化之遠與外邦內嚮之久以附職方稱甚盛哉
故於載筆時尤兢兢致愼云康熙六十年歲在辛丑
秋八月翰林院編修臣徐葆光謹序

中山傳信錄卷第一

封舟圖

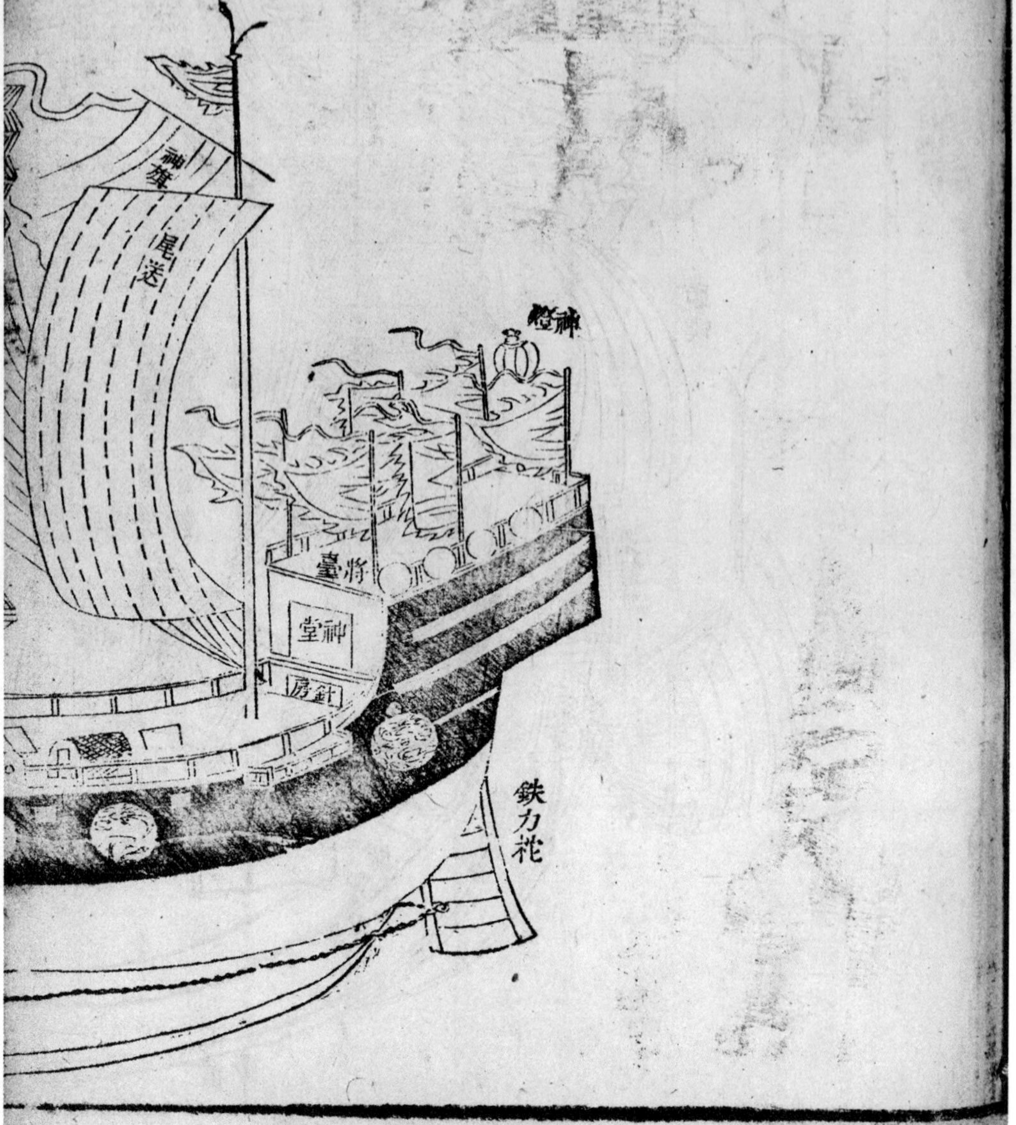

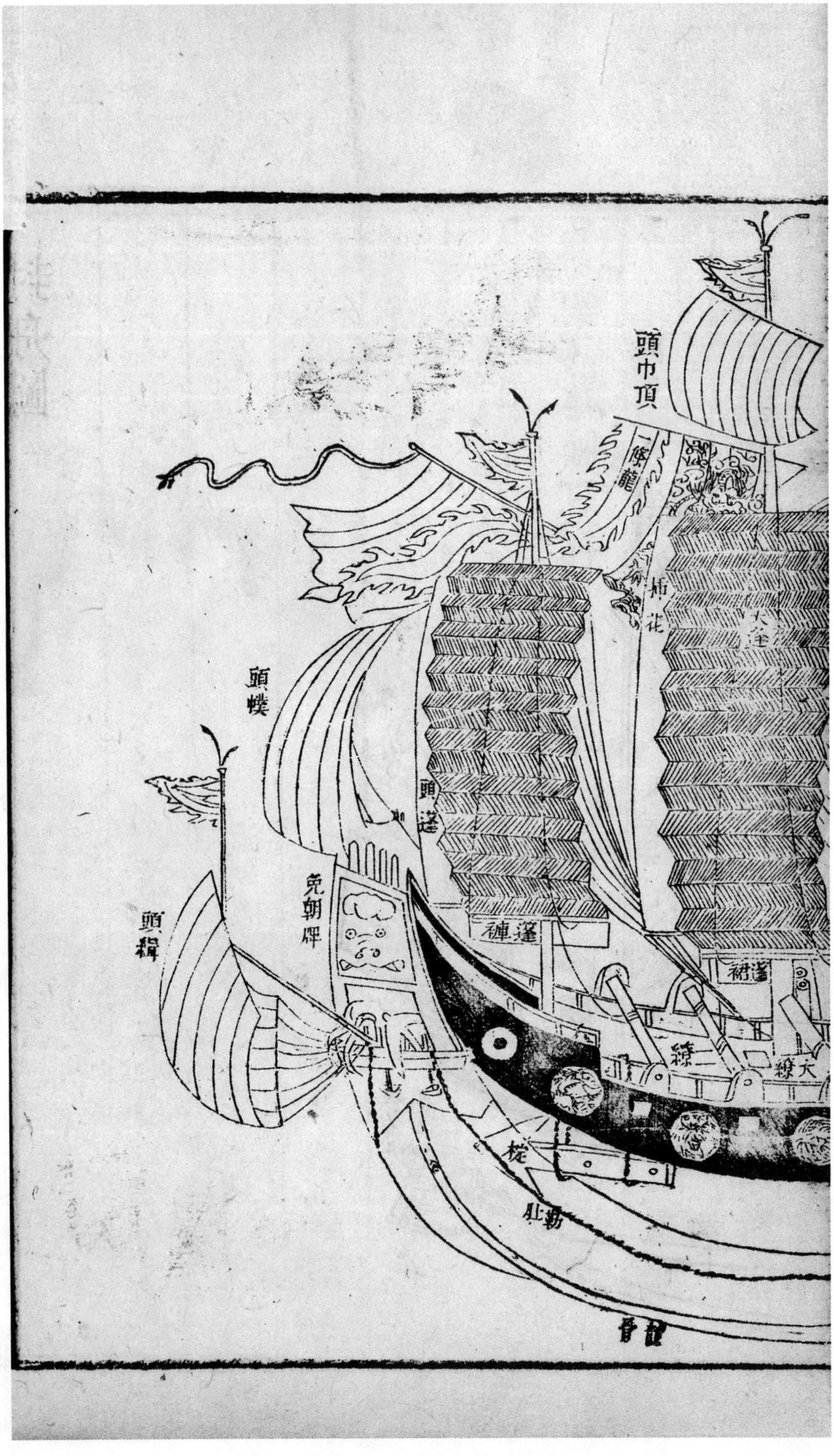
頭巾頂
一條龍
插花
頭幞
頭蓬
免朝牌
椗
龍骨

中山傳信錄卷第一

冊封琉球國王副使　賜正一品麟蟒服翰林院編修加二級臣徐葆光纂

封舟

從前冊封以造舟爲重事歷考前冊採木各路騷動夫役開廠監造縻費官帑奸吏假手爲獘無窮經時累歲其事始舉自前明以至

本朝冊封之始其煩費遲久前後一轍也康熙二十一年使臣汪楫林麟焻卽取現有二戰艦充之前獘始絕至今三十餘年區宇昇平海濱利涉沿海縣鎮巨

舶多有

冊封命下 臣等未到閩前督臣滿保移檄各鎮選大船充用豫爲修葺諸具咸備二船取自浙江寧波府屬皆民間商船較往時封舟大小相埒而費輕辦速前此未有也按宋徐兢奉使高麗神舟二皆勑賜名字客舟六共八舟明封舟或一或二今二舟

一號船使臣共居之二號船載兵役一號船前後四艙每艙上下三層下一層塡壓載巨石安頓什物中一層使臣居之兩旁名曰麻力截爲兩層左右八間以居從役艙口梯兩折始下艙中寬六尺許可橫一

床高八九尺上穴艙面爲天窓井方三尺許以通明兩卽掩之晝黑如夜艙面空其右以行船左邊置爐竈數具板閣跨舷外一二尺許前後圈篷作小屋一二所日番居以避艙中暑熱水艙水櫃設人主之置籤給水人日一甌船尾虛梢爲將臺立旗纛設籐牌弓箭兵役吹手居其上將臺下爲神堂供天妃諸水神下爲柁樓樓前小艙布針盤夥長柁工及接封使臣主針者居之船兩旁大小炮門十二分列左右軍器稱是蓆篷布篷九道艙面橫大木三道設軸轉繚

以上下之船戶以下共二十二人各有專掌其中最趫捷者名鴉班正副二人登檣瞭望上下如飛兵丁皆習行船事每船百人爲之佐一號船千總督之二號船守備督之

一號船長十丈寬二丈八尺深一丈五尺前明封舟連尾虛梢長十七丈寬三丈一尺六寸深一丈三尺三寸嘉靖中正使陳侃副使高澄等題請定式 嘉靖三十八年封舟依舊式造長帶虛梢一十五丈寬二丈九尺七寸深一丈四尺 萬曆七年造封舟帶虛稍一十四丈寬二丈九尺深一丈四尺 崇禎六年冊使杜三策從客胡靖記錄封舟長二十丈廣六丈 本朝康熙二年張學禮記形如梭子長十八丈寬二丈二尺深二丈三尺 康熙二十二年汪楫記選二鳥

船充用船長一十五丈有奇寬二丈六尺按海防冊云烽火營鳥船一隻長一十二丈三尺寬二丈五尺閩安中營鳥船一隻長一十二丈二尺寬二丈六尺五寸前後四艙水艙四水櫃四水桶十二共受水七百石

柁長二丈五尺五寸寬七尺九寸西洋造法名夾板柁不用勒肚柁以鐵力木爲之名曰鹽柁漬海水中愈堅前明封舟定製鐵力木柁三門每門長三丈五尺有大纜繫之由船底兜至船頭謂之勒肚以櫚藤爲之今二封舟皆取商船充用二號製如鳥船式用勒肚二條一號船係西洋夾板柁不用勒肚又不置副柁將出海時與閩中有司爭置副柁本船夥長林某云船柁西洋造法最堅穩可無用副且柁重萬觔船中亦無處置之竟不置副柁與前小異云

大桅長九丈二尺圍九尺

頭桅長七丈二尺圍七尺

櫓二長四丈寬二尺三寸

椗大小各二大者長二丈七尺小者長二丈四尺皆寬八寸及七寸形如个字皆以鐵力木爲之椗上棕索二條長一百托圍一尺五寸（按字書碇錘舟石也與矴同無椗字今以木爲之故俗字從木）

大桅蓆篷寬五丈二尺長五丈三尺轆轤索三條長三十五托圍一尺二寸

繚母索二條長一十五托圍一尺五寸

頭桅蓆蓬寬二丈二尺長二丈八尺

大桅頂蓬名頭巾頂惟官舶始用之商船不得用長

五丈四尺寬五丈 徐兢録云大檣之巔加小帆十幅謂之野狐帆始即頭巾頂也

大桅下布蓬名蓬裙長六尺寬一丈五尺

頭桅上布蓬名頭幞上尖下方三角形長三丈下濶

二丈八尺

挿花布蓬長四丈八尺寬三丈四尺

挿花下布蓬名挿花褲長六尺寬一丈五尺

頭緝布蓬長四丈五尺寬二丈五尺

尾送布蓬長四丈寬二丈七尺

共蓬九道

二號船長十一丈八尺寬二丈五尺深一丈二尺

前後共二十三艙水艙二水櫃四水桶十二受水六

百石

柁長三丈四尺寬七尺制同鳥船柁用勒肚二條長

十五丈從尾左右夾水兜至頭上

大桅長八丈五尺圍八尺五寸

頭桅長六丈五尺圍六尺

櫓四長四丈寬二尺二寸

椗大小三具

大桅蓆篷長五丈七尺寬五丈六尺

頭桅蓆篷長五丈七尺寬五丈六尺

大桅頭巾頂布篷長五丈寬四丈八尺

大桅下布篷裙長六尺寬一丈六尺

插花布篷長四丈八尺寬三丈二尺

插花褲布篷長五丈寬一丈三尺

頭緝布蓬長四丈寬二丈四尺
尾送布蓬長三丈六尺寬二丈五尺
共蓬八道少頭幞布蓬一道
每船船戸以下二十三人
正夥長主針盤羅經事副夥長經理針房兼主水鍸
長綆三條候水淺深
正副舵工二人主柁二號船上兼管勒肚二條
正副椗二人主椗四門行船時主頭緝布蓬
正副鴉班二人主頭巾頂帆大桅上一條龍旗及大

旗
正副杉板工二人主杉板小船行船時主清風大旗
及頭帆
正副繚手二人主大帆及尾送布帆繚母椶繚木索
等物
正副值庫二人主大帆插花天妃大神旗又主裝載
押工一人主修理槓椇及行船時大桅千觔墜一條
香公一人主天妃諸水神座前油燈早晚洋中獻紙
及大帆尾繚、

頭阡一人主大桅繂索大椗索盤絞索大櫓車繩

二阡二人主大桅繂索副椗索盤絞索大櫓車繩

三阡一人主大桅繂索三椗索盤絞索車子數根

正副總鋪二人主鍋飯柴米事

渡海兵役

正使家人二十名副使家人十五名外海防廳送使副共書辨二名巡捕二名長班四名門子二名皂隷八名健步四名轎傘夫二十名引禮通事二員鄭任譯馮西熊護送守備一員海壇鎮左營守備蔡添畧千總一員蔡勇官兵二

百名閩安鎮烽火營海壇鎮左右中三營各四十名內科醫生一人外科醫
生一人道士三名老排一名吹鼓手八名廚子四名
艦匠二名艌匠四名風帆匠二名索匠二名鐵匠二
名裁縫二名糊紙匠二名裱褙匠一名糕餅匠一名
待詔一名凡兵役隨身行李貨物每人限帶百觔按歷來封舟過海兵役等皆有壓鈔貨物帶
往市易舊例萬曆七年已卯冊使長樂謝行人杰有
日東交市記後有恤役一條言自洪武間許過海五
百人行李各百觔與琉人貿易著爲條令甲午之役
得萬金五百人各二十金多者三四十金少者亦得
十金八金辛酉之役僅六千金五百人人各得十二金
多者二十金少者五六金稍失所望是以已卯招募
僅得中材應役不能如前之精工也所獲僅三千餘
金人各八金多者十五六金少者三四金大失所望

至捐廪助之始得全禮而歸蓋甲午之役番船轉販者無慮十餘國其利既多故我衆所獲亦豐辛酉之役番舶轉販者僅三四國其利既少故我衆所獲亦减巳卯之役通番禁弛番舶不至其利頓絶故我衆所獲至少勢使然也今康熙二十二年癸亥之役是時海禁方嚴中國貨物外邦爭欲購致琉球相近諸島如薩摩洲土噶喇七島等處皆聞風來集其貨易售閩人沿説至今故充役者衆昇平日久琉球歲來貿易中國貨物外邦多有此番封舟到後土噶喇等番舶無一至者本國素貧乏之貨多不售人役並困法當禁絶商賈利徒之營求充役者損從减裝一可以紓小邦物力之艱一可以絶衆役覬覦之想庶幾兩利俱全矣乎

玻璃漏

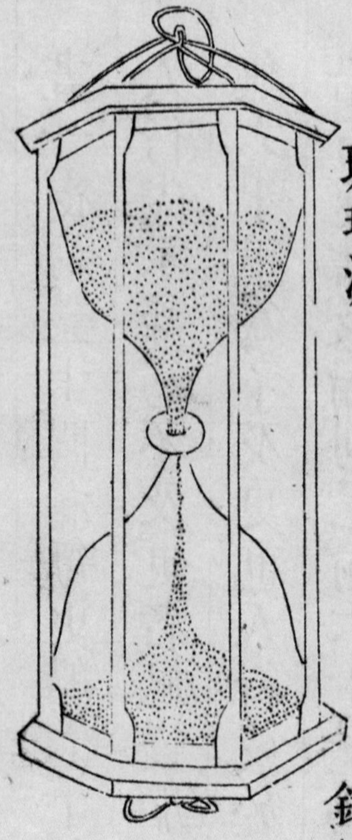

針盤

更 定更法

海中船行里數皆以更計或云百里爲一更或云六十里爲一更或云分晝夜爲十更今問海舶夥長皆云六十里之説爲近

舊錄云以木梯從船頭投海中人疾趨至梢人梯同至謂之合更人行先於梯爲不及更人行後於梯爲過更今西洋船用玻璃漏定更簡而易曉細口大腹玻璃瓶兩枚一枚盛沙滿之兩口上下對合通一線以過沙懸針盤上沙過盡爲一漏卽倒轉懸之計一晝一夜約二十四漏每更船六十里約二漏半有零人行先木梯爲不及更者風慢船行緩雖及漏刻尚無六十里爲不及更也人行後於梯爲過更者風疾船行速當及漏刻已踰六十里爲過更也

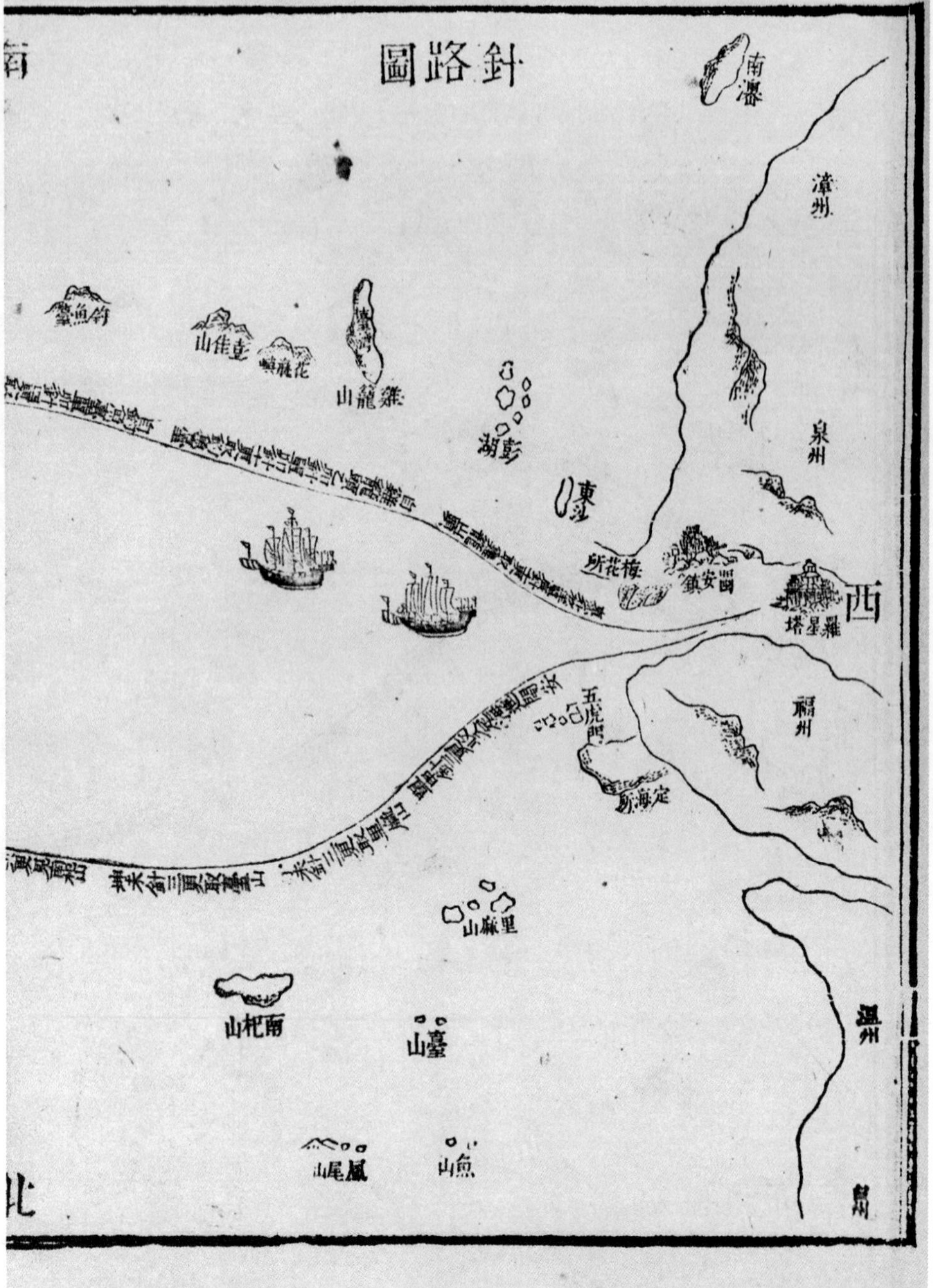
針路圖
南
北
西
南澳
漳州
泉州
福州
温州
彭湖
東沙
梅花所
羅星塔
五虎門
定海所
雞籠山
花瓶嶼
彭佳山
釣魚臺
南杞山
臺山
鳳尾山
魚山

東

針路

琉球在海中本與浙閩地勢東西相值但其中平衍無山船行海中全以山爲準福州往琉球出五虎門必取雞籠彭家等山諸山皆偏在南故夏至乘西南風叅用辰巽等針袞繞南行以漸折而正東琉球歸福州出姑米山必取溫州南杞山山偏在西北故冬至乘東北風叅用乾戌等針袞繞北行以漸折而正西雖彼此地勢東西相值不能純用卯酉針徑直相往來者皆以山爲準且行船必貴占上風故也

指南廣義云福州往琉球由閩安鎮出五虎門東沙外開洋用單或作乙辰針十更取雞籠頭見山卽從山北邊過船以下諸山皆同花瓶嶼彭家山用乙卯並單卯針十更取釣魚臺用單卯針四更取黃尾嶼用甲寅或作卯針十或作一更取赤尾嶼用乙卯針六更取姑米山琉球西南方界上鎮山用單卯針取馬齒甲卯及甲寅針收入琉球那霸港

福州五虎門至琉球姑米山共四十更船

琉球歸福州由那霸港用申針放洋辛酉針一更半

見姑米山並姑巴甚麻山辛酉針四更辛戌針十二
更乾戌針四更單申針五更辛酉針十六更見南杞
山屬浙江溫州坤未針三更取臺山丁未針三更取里麻
山一名霜山單申針三更收入福州定海所進閩安鎮
琉球姑米山至福州定海所共五十更船

前海行日記

閩有司既治封舟畢工泊于太平港羅星塔五月十
日壬午賫
詔勅至南臺以小舟至泊船所十五日祭江取水涓吉

于二十日壬辰奉
詔勅升舟連日夜風皆從東北來是日轉西南遂于未
初起椗至怡山院
諭祭於海神
二十一日癸巳日出西南風日中至管頭出金牌門
日入未過黃蝦鼻下椗
二十二日甲午日日出丁未風過梅花頭日中丁風帶
午乘潮出五虎門放洋過官塘尾日入至進士門夜
至九漏轉丁未風接封陪臣正議大夫陳其湘率其

國夥長主針用乙辰針三更半

二十三日乙未日出見東湧在船後約離一更半許

丁未風用乙卯針二更約離官塘八更半許

二十四日丙申日出丁午風仍用乙卯針日未中過

米糠洋（海水碧徹如靛細黃沙如）（涎沫連亘水面如米糠）見羣魚拜水日將

入有大鳥二來集于檣是夜風益利用乙卯針四更

共計十三更半當見雞籠山花瓶棉花等嶼及彭家

山皆不見夜用乙卯針四更半共十七更船東北下

一更半許

二十五日丁酉日出丁未風輕用單乙針二更乙卯針一更半夜至四漏轉正南風用單乙針一更半共計二十一更

二十六日戊戌日出正南風日未中轉丁午逾時丁未風微起用單乙針一更日中風靜縋水無底晚晡轉丙午風用乙卯針風靜船停不上更日入風微起至四漏轉丁午風用乙卯一更至八漏又用單卯二更至天明

二十七日己亥日出丁午風日未中風靜船停有大

沙魚二見于船左右日入丁午風起至二漏轉丁風
用乙辰針二更半天將明應見釣魚臺黄尾赤尾等
嶼皆不見共用卯針二十七更半船東北下六更許
二十八日庚子不用接封陪臣主張卯針本船夥長
林某改用乙辰針日未中丁未風行二更半鵰班上
檣見山一點在乙位約去四更餘水面小黑魚點點
接封陪臣云此出姑米山所見或是姑米而未能定
日入風轉丁午用辰巽針二更
二十九日辛丑日出見東北小山六點陪臣云此非

姑米乃葉壁山也在國西北始悟用卯針太多船東北下若非西北風不能提舟上行至那覇收港也日中禱于神忽轉坤申庚風一時又轉子癸陪臣大喜乃迴針東南行指一小山云此名讀谷山由此迤轉即入港日入轉丑艮風大熾用丙巳針又用丙午單卯針先是四五日前未見山舟浮不動水艙將竭衆頗慼禱于神筊示曰二十八日見山初一日到港至是六月朔壬寅日未出遂入港行海中凡七晝八夜云二號船港針簿

戹

葆光按琉球針路其大夫所主者皆本于指南廣義其失在用卯針太多每有落北之患前使汪楫記云封舟多有飄過山北巳復引回稽諸使錄十八而九明嘉靖十一年陳侃記舟至葉壁山小舟四十牽挽八日始至那霸　嘉靖三十七年郭汝霖記巳至姑米山頭目云得一日夜之力即未遽登岸可保不下葉壁山矣可見下葉壁即琉人亦以爲戒　萬曆四年蕭崇業記六月初一日過葉壁山薄山下由此陸路至國兩日程挽舟初五日始泊那霸　康熙二年張學禮記舟抵琉球北山與日本交界北風引舟南行始達那霸

封舟不至落北者惟前明冊使夏子陽及

本

朝汪楫二人考夏錄則云梅花所開洋過白犬嶼

又取東沙嶼丁上風用辰巽針八更船取小琉球山未上風乙卯針二更取雞籠申酉上風用甲卯針四更船取彭家山亥上風用乙卯針三更船未上風用乙卯針三更船取花瓶嶼丁未上風用乙卯針四更船取釣魚嶼丙午上風用乙卯針四更船取黃尾嶼丙上風用乙卯針七更船丁上風用辰巽針一更取姑米山又辰巽針六更船取土那奇翁居里二山（今譯爲度那奇安根呢山二山在馬齒山之西）又辰巽一更取馬齒山到港汪錄則云（本錄不載見洋舶針簿內）乙辰八

更取雞籠頭用辰多辰巽三更取梅花嶼單卯十更取釣魚臺北邊過乙辰四更取黃尾嶼此四更得力在船身提上巳見黃尾嶼下用甲卯針取姑米定是正西風利故也甲卯十更取姑米山乙卯七更取馬齒山甲寅并甲卯取那霸港蓋自雞籠山東行釣魚嶼赤尾嶼以至姑米山諸山皆在南借爲標準俱從山北邊過船見山則針正應見不見則針巳下漸東北行必至見葉壁山矣要其病皆由于用卯針太多又不能相風用針夫西南風固皆爲順而或自午或自丁或自未與

坤者方位又各不同今指南廣義所錄則專言針混言風又多用卯針故往往落北不見姑米而見葉壁也後人或不見山不可信接封者主張卯針當深斟夏汪二錄酌風叅用辰巽等針將船身提上則保不下葉壁矣

後海行日記

二月十六日癸丑巳刻封舟自琉球那霸開洋用小船百餘引出港口琉球官民夾岸送者數千人小船豎旗夾船左右送者數百䑸是日晴明南風送颿用

乾亥針一更半單乾針四更過馬齒安根呢度那奇
等山海水滄黑色日入見姑米山二點離二更半許
夜轉丁未西南風十三漏轉坤未風用乾戌三更半
風有力頭巾頂索連斷三次
十七日甲寅日出龍二見于船左右水沸立二三丈
轉西北風用單子針一更日入至十四漏轉坤未風
用乾戌一更夜見月至明
十八日乙卯日出用單乾乾戌四更日入至十四漏
西南風有力用乾戌四更半夜見月至明

十九日丙辰日出轉辛酉西風帶南風不定用單庚一更日中轉壬子癸風用單酉針至日入轉子癸又轉丑癸用單戌三更半夜見月至明

二十日丁巳日出轉艮寅東北順風日中轉甲卯用辛戌四更日入轉乙辰風大雨船共行二十六更半是日海水見綠色夜過溝祭海神轉巽巳風用辛酉三更半至明

二十一日戊午日出大霧正南風轉西南又轉西北風不定船行緩不上更緄水四十八托有鳥來集于

檣轉子癸風至十三漏轉東北大順風用庚申二更

至明

二十二日巳未日出東北風晴大寒用庚酉申四更

半日入有燕二來集檣上至十一漏轉乙卯風縋水

四十托用庚酉一更夜雨大霧

二十三日庚申日出霧大雨無風縋水三十二托日

晡壬亥風起日入轉壬子風夜雨大寒用庚酉二更

未明見山離一更遠許

二十四日辛酉日出用單申一更至魚山及鳳尾山

二山皆屬台州封舟回閩針路本取溫州南杞山此二山又在南杞北五百里船身太開北行離南杞八更遠許日晡轉北風用丁未針三更日入舟至鳳尾山風止下椗

二十五日壬戌無風舟泊鳳尾山夜雨有數小船來伺警至明

二十六日癸亥日出東北風起椗行大雷雨有旋風轉蓬日晡轉壬亥風用單未坤未三更日入風微用單未一更見南杞離一更許

二十七日甲子日出晴見盤山至溫州東北順風用
坤申庚四更繾水十四托離北關一更許日入用坤
申庚一更至臺山下椗夜十八漏又起椗至明見南
北關二號船先一日過南關
二十八日乙丑東北風無力船泊七星山繾水九托
夜至五漏颶作椗走用乙辰針行七漏加副椗泊船
二十九日丙寅日出至霜山東北風用申庚酉針日
晡與二號船齊至定海所琉球謝
恩船先一日到相次泊

三十日丁卯東北風乘潮三船雁次進五虎門日中
至怡山院
諭祭于海神行海中凡十四晝夜云
臣葆光按冊封之役有記錄者自前明嘉靖中陳
侃始至康熙二十一年汪楫等凡七次封舟囘閩
折桅漂柁危險備至披閱之次每爲動心今奉
皇上威靈海神效順踰年行役幸避冬汎之危半月漂
浮絶少過船之浪桅柁無副竟免摧傷偶有風暴
隨禱立止上下數百人安行而囘遠勝疇昔額手

慶幸胥戴

皇恩至于顛仆嘔逆小小困頓海舶之常何足云也

歷次封舟渡海日期

嘉靖十三年甲午陳侃使錄海行十八日至琉球五月初八日出海二十五日至那霸港七日回福州九月二十日出那霸二十八日至定海所

嘉靖四十一年壬戌郭汝霖使錄海行十一日至琉球五月二十二日出海閏五月初九日至那霸港十一日回福州十月十八日出那霸二十九日至五虎門

萬曆八年庚辰蕭崇業使錄海行十四日至琉球五月

二十二日出海六月初五日至那霸九日回福州十月二十四日出海十一月初二日到定海所

萬曆三十三年乙巳夏子陽使錄八日至琉球五月二十四日出海六月初一日至那霸十一日回福州十月二十一日出海十一月初一日到五虎門

崇禎六年癸酉杜三策從客胡靖錄九日至琉球六月初四日出海八日過姑米山十一日回福州十一月初九日出海十九日到五虎門

康熙二年癸卯張學禮使錄十九日至琉球六月初七日出海二十五日到那霸十一日回福州十一月十四出海二十四日至五虎門

康熙二十二年癸亥汪楫使錄三日至琉球六月二十三日出海二十六日到那霸十一日回福州十一月二十四日出海十二月初四日至定海所

臣葆光按封舟以夏至後乘西南風往琉球以冬至後乘東北風回福州此言其槪也南風和緩北風凜冽故歸程尤難非但內外水勢有順逆也嘉萬封舟回閩率先冬至在九十月中朔風猶未勁歸帆最宜十一月十二月冬至前後則風勢日勁浪必從船上過矣若正月則風颶最多且應期不

爽萬無行舟之理二月中則多霧龍出海矣然春風和緩茲役親驗之湏無從船上過者殆遠勝於冬至前後也海船老夥長言十月二十日後東風送順爲吉葆光在琉球無日不占風所向歷考數月內風自東來不間斷者惟十月二十日後十一月初五日前半月中爲然因考陳侃以來惟蕭崇業之歸閩較爲安吉其出海日期乃十月二十四日爲不誣也附此以告後來者

風信

清明後地氣自南而北則南風爲常霜降後地氣自
北而南則北風爲常若反其常則颱颶將作　風大
而烈者爲颶又甚者爲颱颶常驟發颱則有漸颶或
瞬發倏止颱則連日夜或數日不止大約正二三四
月爲颶五六七八月爲颱九月則北風初烈或至連
月俗稱九降風間或有颱則驟至如春颱船在洋中
遇颶猶可爲遇颱不可當矣　十月以後北風常作
然颱颶無定期舟人視風隙以往來五六七八月應
屬南風颱將發則北風先至轉而東南又轉而南又

轉而西南　颱颶始至多帶雨九降風則無雨　五六七月間風雨俱至舟人視天色有點黑則收帆嚴舵以待之瞬息間風雨驟至隨刻即止若豫備少遲則收帆不及或至傾覆　天邊有斷虹亦颱將至雲片如帆者曰破帆稍及半天如鱟尾者曰屈鱟出北方者甚於他方　海水驟變水面多穢如米糠海蛇浮遊水面亦颱將至

風暴日期

正月初四日接神颶　初九日玉皇颶此日有颶後颶皆驗否則後亦多不驗者

十三日關帝颶　二十九日烏颶　又
又正月初三日初八日十一日二十五日月晦日龍神會
皆龍會日主風
二月初二日白鬚颶　初七日春明暴　二十一日觀音暴　二十
九日龍神朝上帝
又二月初三日初九日十二日皆龍神朝上帝之
日
三月初三日上帝颶　又初七日閻王暴　十五日眞人颶　名眞武暴　又名眞
君暴　二十三日天妃誕媽祖颶　眞人颶多風　媽祖颶多雨　二十八日諸神朝上帝

又三月初三日初七日二十七日皆龍神朝星辰之日

四月初一日白龍暴初八日佛子颶又名太子暴二十三日大保暴二十五日龍神大白暴

又四月初八日十二日十七日皆龍會太白之日

五月初五日係大颶名屈原颶十三日關帝颶二十一日龍母暴

又五月初五日十一日二十九日皆天帝龍王朝玉皇之日

六月十二日彭祖颶十八日彭祖婆颶二十四日雷公誕此暴最准名

爲洗炊籠颶自十二日起至
二十四日止皆係大颶之旬
又六月初九日二十七日皆地神龍王朝玉皇之
日
七月初八日神煞交會十五日鬼颶
又七月初七日初九日十五日二十七日皆神煞
交會之日
八月初一日竈君颶初五日係大颶旬十四日伽藍暴十五日
魁星二十一日龍神大會
颶
又八月初三日初八日二十七日皆龍王大會之

日

九月初九日重陽暴　十六日張良颶　十九日觀音颶　二十七日冷風暴

又九月十一日十五日十九日皆龍神朝玉帝之日

十月初五日風信暴　初十日水仙王颶　二十日東嶽朝天　二十六日翁爹颶

又十月初八日十五日二十七日皆東府君朝玉皇之日

十一月十四日水仙暴　二十七日普安颶　二十九日西嶽朝天
十二月二十四日送神颶又名掃塵風
凡遇風暴日期不在本日則在前後三日之中又箕
壁翼軫四宿亦主起風皆當謹避之
風信考以下至此皆指南廣義所載或採禁忌方
書或出海師柁工所記其語不盡雅馴而參攷多
驗今附此以告後來者

中山傳信録卷一　

中山傳信錄卷一

天妃靈應圖

天妃靈應記

天妃莆田湄洲嶼林氏女也張學禮記云天妃蔡氏女猴嶼人非是父名愿字曰惟慤母王氏一云林孚第六女宋初官都巡檢妃生而神靈少與群女聡井有神捧銅符出以授妃群女奔駭自是屢著神異常乘席渡海人咸稱爲通賢靈女一日方織忽據機瞑坐顏色變異母蹴起問之寤而泣曰父無恙兄歿矣有頃信至父與兄渡海舟覆若有挾之者父得不溺兄以柁摧遂墮海死雍熙四年昇化于湄州嶼張學禮記云救父兄海身亡非是一云妃生于建隆元年庚申三月二十三日

一云妃生於哲宗元祐八年一云生于甲申之歲按
妃于宋太宗雍熙四年九月初九日昇化室處二十
八歲則當以建隆元年一說
爲是生彌月不啼名曰默
時顯靈應或示夢或示
神燈海舟獲庇無數土人相率祀之宋徽宗宣和五
年給事中路允廸使高麗八舟溺其七獨允廸舟見
神朱衣坐桅上遂安歸聞于朝賜廟額曰順濟高宗
紹興二十六年始封靈惠夫人賜廟額曰靈應三十
年海寇至江口神見風濤中寇潰就獲泉州上其事
封靈惠昭應夫人孝宗乾道二年興化疫神降于白
湖去潮丈許得甘泉飲者立愈又海寇至霧迷其道

至廟前就擒封靈惠昭應崇福夫人淳熙十一年助
廵檢姜特立捕溫台寇封靈惠昭應崇福善利夫人
汪錄作靈慈昭應崇善福利夫人靈慈乃廟號凡封
皆原靈惠始封之號當作靈惠崇福先封後加善利
二字乃言爲善人利之
意以上封夫人凡四封
光宗紹熙三年以救疫旱功
特封靈惠妃寧宗慶元四年以救潦封靈惠助順妃
嘉定元年平大奚寇以霧助擒賊金人犯淮甸戰花
靨鎮神助戰及戰紫金山又見神像再捷三戰遂解
合肥之圍封靈惠助順顯衛妃嘉定十年救旱獲海
寇加靈惠助順顯衛英烈妃嘉熙三年錢塘潮決至

艮山祠若有限而退封靈惠助順嘉應英烈妃寶祐二年救旱封助順嘉應英烈協正妃三年又封靈惠助順嘉應慈濟妃四年封靈惠協正嘉應慈濟妃是歲浙江隄成封靈惠協正嘉應善慶妃五年敎授王里請于朝封妃父積慶侯母顯慶夫人女兄以及神佐皆有錫命景定三年反風膠海寇舟就擒封靈惠顯濟嘉應善慶妃（宋封夫人四加封妃十凡十四封）元世祖至元十八年以海運得神佑封護國明著天妃（封天妃之始）又進顯佑成宗大德三年以漕運效靈封輔聖庇民明著

天妃仁宗加封護國庇民廣濟明著天妃文宗天曆二年加封靈感助順福惠徽烈共二十字廟額靈慈元晉封天妃凡五加封皆以海運危險歷見顯應故也明太祖封昭孝純正孚濟感應聖妃成祖永樂七年封護國庇民妙靈昭應弘仁普濟天妃至今皆仍此封號自後遣官致祭歲以爲常莊烈帝封天仙聖母靑靈普化碧霞元君已又加靑賢普化慈應碧霞元君明封聖妃一仍改封天妃一改封元君二凡四封

本朝仍永樂七年封號康熙十九年收復臺灣神靈顯

應福提萬正色上

聞加號致祭神靈昭著于今轉赫凡渡海者必載主舟

中往年冊封琉球

諭祭兩行夏祈冬報皆預撰文使臣昭告皆獲安全蓋

聖德所感神應尤顯云

封舟拯濟靈蹟惟洪熙元年拯濟柴山靈蹟詳顯聖錄以下無攷今斷自陳侃始如

嘉靖十三年冊使陳給事侃陳侃始有記故自侃始高行人澄

舟至姑米山發漏呼禱得塞而濟歸值颶桅檣俱折

忽有紅光燭舟乃請筊起柁又有蝶雀示象是夕風

虔冠服禱請立碑風乃弛還請春秋祀典

嘉靖四十年冊使郭汝霖李際春行至赤嶼無風有大魚蕩舟乃施金光明佛并彩舟昇之遂得南風而濟及回閩日颶將發豫有二雀集舟之異須臾颶發失柁郭等爲文以告風乃息更置柁又有一鳥集桅上不去

萬曆七年冊使蕭給事崇業謝行人杰針路舛錯莫知所之且柁葉失去虔禱之夕俄有一燕一蜻蜓飛繞船左右遂得易柁舟乃平安

萬曆三十年冊使夏給事子陽王行人士禎舟過花瓶嶼無風而浪禱于神得風順濟歸舟柁索四斷失柁者三大桅亦折水面忽現神燈異雀來集東風助順

崇禎元年冊使杜給事三策楊行人掄歸舟颶作折柁牙數矣勒索皆斷舟中三人共購一奇楠高三尺值千金捐刻聖像俄有奇鳥集檣端舟行若飛一夜抵閩云

本朝康熙二年冊使張兵科學禮王行人垓歸舶過姑

米颶作暴雨船傾側危甚桅左右欹側龍骨半折忽
有火光熒熒霹靂起風雨中截斷仆桅舵旋不止勒
索皆斷禱神起柁三禱三應易繩下柁時有一鳥綠
觜紅足若雁鶩集戰臺舟人曰天妃遣來引導也遂
達定海
康熙二十二年冊使汪檢討楫林舍人麟焻歸舟颶
風三晝夜舟上下傾仄水滿艙中合舟能起者僅十
六人廚竈漂沒人盡餓凍虔禱天妃許爲請春秋祀
典桅箍斷而桅不散頂繩斷而蓬不落與波上下竟

保無虞
今封舟開洋風少偏東禱立正多用卯針船身太下
幾至落漈遂虔禱得改用乙辰針又笅許二十八日
見山果見葉壁船下六百餘里欲收那霸非西北風
不能達禱之立轉一夜抵港　舟回至鳳尾山旋風
轉船篷桅俱仄呼神始正至七星山夾山下椗五更
颶作走椗將抵礁呼神船如少緩始得下椗人皆額
手曰此皆天妃賜也
諭祭文祈報二道

維康熙五十八年歲次己亥五月癸酉朔越祭日癸
巳
皇帝遣冊封琉球國正使翰林院檢討海寶副使翰林
院編修徐葆光致祭于
神曰惟神顯異風濤效靈瀛海扶危脫險每著神功
捍患禦災允符祀典茲因冊封殊域取道重溟爰命
使臣絜將禋祀尚其默佑津途安流利涉克將成命
惟神之休謹告

維康熙五十九年歲次庚子二月戊戌朔越祭日丁

卯
皇帝遣冊封琉球國正使翰林院檢討海寶副使翰林
院編修徐葆光致祭于
海神曰惟神誕昭靈貺陰翊昌圖引使節以遄征越洪
波而利濟殊邦往復成事無愆克暢國威實惟神佑
聿申昭報重薦苾芬神其鑒歆永有光烈謹告

春秋祀典疏

差回琉球國翰林院檢討臣海寶編修臣徐葆光等
謹

奏爲奏
聞事臣等於康熙五十七年六月初一日奉
旨冊封琉球國王十四日於熱河面請
聖訓出都至閩於五十八年五月二十日登舟次日至
怡山院
諭祭天妃二十二日從五虎門放洋西南順風行八日
六月初一日登岸二十七日行
諭祭禮七月二十六日行
冊封禮諸宴禮以次舉行十二月二十六日登舟候汛

本年二月十六日乘東北順風行半月三十日始抵

福州五虎門臣等往返海道畧無危險皆

皇上德邁千古

福與天齊臣等奉

命經行絶遠之處神靈效順臣等闔船官兵以及從役

數百人無一虧損皆得安歸臣等不勝欣幸卽琉球

國屬併福省官民人等俱稱奇致頌以爲皆我

皇上德遍海隅之所致也其中往返之時風少不順臣

等祈禱天妃卽獲安吉自前平定臺灣之時天妃顯

靈效順已蒙
皇上加封致祭今黙佑封舟種種靈異如此仰祈
特恩許着該地方官春秋致祭以報神庥伏候
聖裁謹奏
聞
禮部謹題爲奏
聞事該臣等議得差囘琉球國翰林院檢討臣海寶編
修臣徐葆光等奏稱臣等奉
旨册封琉球國王往返海道闔船官兵以及從役數百

人無一虧損皆得安歸其中往返之時風少不順臣
等祈禱天妃即獲安吉自前平定臺灣之時天妃顯
靈效順巳蒙
皇上加封致祭今默佑封舟種種靈異仰祈
特恩許着地方官春秋致祭以報神庥等語欽惟
皇上德周寰宇化洽海隅
詔命所經神靈協應茲以
冊封琉球國王
特遣使臣舉行典禮往返大海絕險之區官兵從役數

百人皆獲安吉固由天妃顯靈實皆我
皇上懷柔百神海若效順所致也查康熙十九年臣部
議得將天妃封爲護國庇民妙靈昭應弘仁普濟天
妃遣官致祭等因具題奉
旨依議欽遵在案今天妃默佑封舟種種靈異應令該
地方官春秋致祭編入祀典候
命下之日行令該督撫遵行可也臣等未敢擅便
謹題請
旨等因康熙五十九年八月初三日題本月初六日奉

旨依議

臣葆光按元史志云至元中以護海運有奇應加封天妃神號積至十字廟曰靈慈直沽平江周涇泉福興化等處皆有廟皇慶以來歲遣使賫香遍祭金幡一合銀一錠付平江官漕司及本府官用柔毛酒醴便服行事祝文云維年月日皇帝特遣某官等致祭於護國庇民廣濟福惠明著天妃則歲時之祭自元已有之矣前明嘉靖中冊使陳侃使還乞賜祭以答神貺禮部議令布政司設祭一

壇報可此又特祭一舉行者也萬曆三年冊使蕭
崇業始請秋祀海神合舉祈報二祭至今封舟出
海因之康熙二十二年冊使臣汪楫還具疏請照
嶽瀆諸神着地方官行春秋二祭禮部議未准行
今臣等在海中祈神佑庇竊計封號尊崇已極惟
祀典有缺故專舉爲請神應昭格今果蒙
恩特賜允行典禮烜赫以答神庥超越千古矣

中山傳信錄卷第二

封舟到港圖
迎恩亭

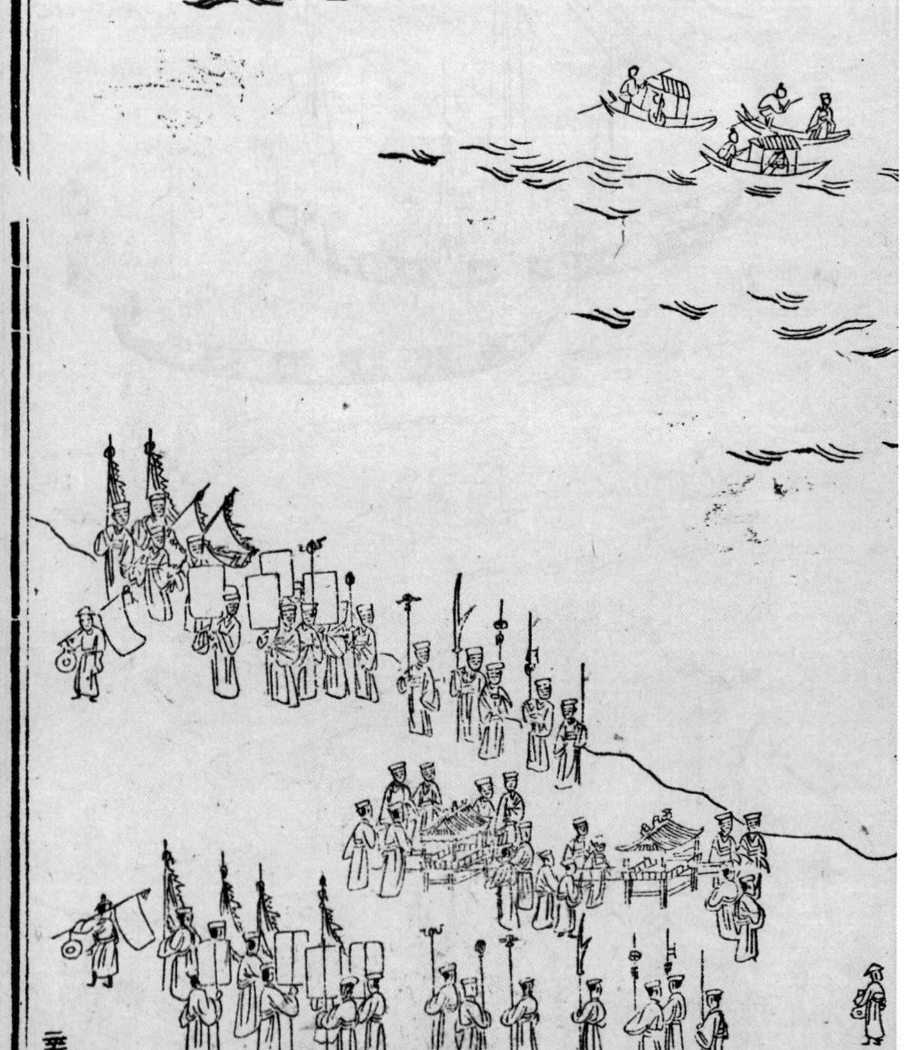
一卷二

中山傳信錄卷第二

冊封琉球國王副使　賜正一品麟蟒服翰林院編修加二級臣徐葆光纂

封舟到港

封舟六月朔旦至那霸港泊海口迎舟數十獨木船雙

使一帆者又數百槳世曾孫尚敬守次先遣法司以

下諸陪臣來迎

詔隨來隨遣前後數輩致牲禮迎勞如儀午潮上島民

艤船數百或在船或入水施白緶引舟至迎恩亭下

亭建自洪武中武

寧王時修葺如新陪臣班列儀仗金鼓皆集亭左右

迎請

龍亭未刻以次登岸衆官前導至館奉安

詔勅行禮訖以次入謁法司王舅紫金大夫紫巾官爲一班三叩頭天使立受揖答之耳目官正議大夫中議大夫爲一班三叩頭天使立受拱手答之那覇官長史察侍紀官遏闥理官都通事爲一班三叩頭天使坐受抗手答之嗣後朔望及逢五十日王遣法司王舅以下至館一起居見天使皆下坐應對皆起立每月初二日十六日天使亦遣使至王府荅問云

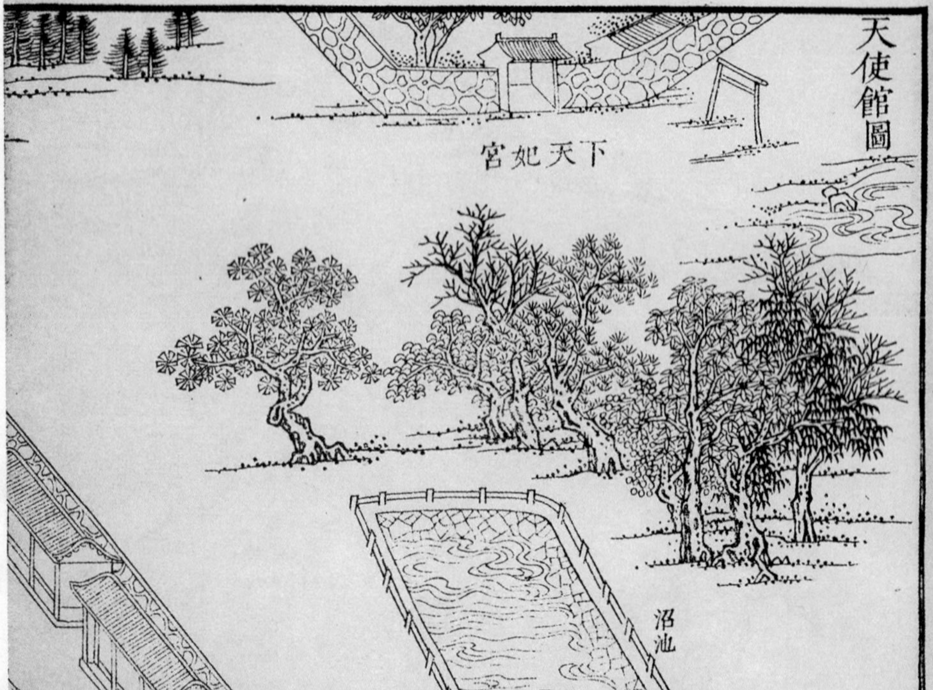
天使館圖
下天妃宮
沼池
冊封

停雲
長風
敕命堂
天澤門
舊使館
二卷二

天使館

天使館去迎恩亭一里許面南屋宇皆如中國衙署外柵四周柵內東西門房各四楹竿上施冊封黃旗二八角鼓棚左右二所大門內東西役房各六楹儀門上有天澤門三字匾前明萬曆中使臣夏子陽題今失去臣等補書其上大堂前庭方廣數畝陪臣行禮于此甬道左右臣等植大榕樹四株堂上前楹前使張學禮王垓題天威遠布隸書四字汪楫林麟焻題敷命堂三字皆在臣等又書

皇綸三錫四字懸正梁上蓋自康熙二年封王尚質今
王之高祖也康熙二十二年封王尚貞今王之曾祖
也王之祖尚純未及立王之父尚益未及請封至今
國王尚敬已閱五世皆受我
皇上璽封六十年中大典三行澤及五世實爲千古僅
事故特書之以示遠人明我
皇上與天無極之治海隅日出覆育無窮也左右楹間
特書二牓一載前明册使姓名一載
本朝二遣使臣姓名

勝記附録

前明洪武中中山王察度始通於朝武寧嗣位始來告喪請襲終明之代傳十六世世世請封封使三十餘人具列正史而稗載多舛儻中外異書非一統同文之義

皇清受命王尚質始來請封於今五世冊禮三行皆奉我

皇上寶璽以來尤爲千古盛事幷書於次所以昭曠典愼使職也遣使踰年始達嘉靖以後有遲至三四年

者今按史書之一以遣使之年爲定洪武以來使事不以冊封行者姓名不能備考故不幷列云冊使例以行人充明正統中始用給事中爲之正副仍之後遂不變用翰林與中書舍人自前使始兩使皆史臣唯茲役

明洪武五年詔中山王察度使
楊載 行人

永樂二年封武寧使
時中 行人

永樂五年封思紹如典禮洪熙元年封尚巴志使

不遣使　柴山中官

正統七年封尚忠使　正統十三年封尚思達使

俞忭給事中　陳傅給事中

劉遜行人　萬祥行人

景泰二年封尚金福使　景泰六年封尚泰久使

喬毅給事中殊域周咨錄作陳謨　嚴誠給事中中山世鑑作李秉彝

童守宏行人　劉儉行人

天順六年封尚德使　成化六年封尚圓使

潘榮 吏科給事中福建龍溪人

蔡哲 行人

官榮 兵科給事中

韓文 行人

尚宣威 未請封

成化十三年封尚眞使

董旻 兵科給事中

張祥 行人司副

嘉靖七年封尚清使

陳侃 吏科給事中浙江鄞縣人

高澄 行人順天固安人

嘉靖四十一年封尚元使

郭汝霖 吏科左給事中江西永豐人

李際春 行人河南杞縣人

萬曆四年封尚永使

萬曆二十九年封尚寧使

蕭崇業戶科左給事中雲南籍應天上元人　夏子陽兵科右給事中江西玉山人
謝杰行人福建長樂人　王士禎行人山東泗水人
崇禎元年封尚豐使　尚賢請封未獲卒福王時遣禮科給事陳燕翼行人韓元勳未行國亡
杜三策戶部左給事中山東東平州人
楊掄行人司司正雲南籍上元人
本朝順治六年尚賢弟尚質奉表十年來請封
世祖遣使康熙二年行
康熙二年封尚質使　康熙二十一年封尚貞使
張學禮兵科副理官遼陽人　汪楫翰林院檢討江南儀眞人

王玹行人山東膠州人林麟焻內閣中書舍人福建莆田人

尚益未請封父尚純未立先卒子尚敬今封

堂後穿堂六楹內堂三楹左右兩使臣房後院東西

二板閣東曰長風前使臣汪楫書西曰停雲使臣林

麟焻書匾已廢樓亦重葺臣等重題其上兩行役房

各九楹東西相向東院有水井一礪石牆四週如城

高一丈三四尺許極堅緻堂屋內地皆用方磚上施

氍毹帷壁皆用夾板役舍則以蘆箔墁土其上

附舊使館

使館西南有舊使館址相連前亦有轅門大門上有小板閣入門大堂三楹以板鋪地去地三尺許外有駐節二字前使王垓所書又前明崇禎中使臣杜三策書每懷靡及四字西有樓今無存胡靖記云楊行人掄居西偏小樓名曰聽海今新葺板閣惟東板閣係舊建樫木梁柱皆極堅固前使張學禮記云樓上有杜三策題梅花詩百首今已壞滅無存測量平豐二臣居之扃前轅門鑿後垣共門出入

舊使館向有息思亭嘉靖三十七年冊使郭汝霖有

息思亭說云琉球天使館自門而入正堂三間自正堂引至書房三間余處於東李君際春處於西房之後再三間官舍輩處之兩旁翼以廊房各六間門書輿皂寓焉暑月蘊隆琉之人爲余卜後垣空地砌土庀茅竪柱而亭之余因扁曰息思以咏以歌庶忘其身之在異鄉已

天使館堂舊名灑露萬曆四年冊使蕭崇業有灑露堂說云使館故有匾弗稱唐人云海東萬里灑扶桑意在懷遠也余以灑露名之副使謝杰記云灑露堂

者天使館之堂也諫議蕭使公所以名斯堂也云云

臣葆光按此二條當在舊使館中今匾廢亭圯皆不可考就郭記云自門而入正堂三間今舊院大門內即大堂無儀門居然可知已

天使館日有都通事一員紅帕秀才二十人輪番值門聽候指使

天使館旁支應分設七司一館務司掌館中大小應行事件一承應所掌館中修葺物件家伙等事一掌牲所掌羊豕鷄鴨支送等事一供應所掌館中酒米

小菜支送等事一理宴司掌七宴事一書簡司掌書帖往來等事一評價司掌評定物價上下分買支給等事每司遣大夫一員紅帕三人餘雜差等二十人主一司其朝夕供應奔走別有庫官等爲之

國王日以宮前瑞泉供客每日清晨汲入綠木筩二石餘以鎖鎖之走十里送至館中紅帕秀才九人分日押送

每日供應米五升麪四觔醬醬油醋鹽菜油各四盞豆腐三斤燒酒一瓶魚肉各三斤羊肉二斤乾魚四

斤鷄二蛋十枚海蟳二西瓜二冬瓜十斤菜一斤燭四枝炭十斤柴四束

起居日餽生猪羊各一雞二蛋魚海蛇海蟳石鉅車螯麪條麪粉醬蔥醋蒜胡椒甘蔗蕉果冬易以橘燒餅佳蘇魚各一盤燒酒一埕炭一包燭一束朔望加吉果米肌銀酒黃酒之餽　吉果以米粉爲之形如薄餅米肌如白酒而稍淡銀酒即燒酒黃酒國中所醞煮酒色黑醲少有油氣

守備千總日米四升醬油醋鹽菜油米醬各一盞猪

肉三觔羊肉一觔生魚二觔乾魚三觔雞一蛋十枚
蔬菜一觔豆腐一觔燒酒六盞小燭二枝炭五觔柴
二束　全廩給日米三升醋鹽菜油豆醬各一盞猪
肉二觔生魚二觔乾魚二觔雞一蛋五枚蔬菜一觔
豆腐一觔燒酒三盞小燭二枝柴二束　半廩給日
米二升醋鹽菜油豆醬各一盞猪肉一觔乾魚一觔
雞一蔬菜一觔豆腐一觔燒酒二盞柴二束　口糧
月糧日米一升五合醋鹽菜油豆醬各半盞猪肉一
觔鹽魚一觔蔬菜一觔豆腐半觔燒酒一盞柴一束

天妃宮行香

入館後涓吉鼓樂儀從奉迎船上天妃及拏公（拏公水神詳汪使録中）諸海神之位供於上天妃宮內朔望日行香琉球天妃宮有二一在那覇曰下天妃宮天使館之東門南向前廣數十畝有方沼池宮門前石神二入門甬道至神堂三十步許堂內有崇禎六年冊使杜三策楊掄慈航普度匾順治六年招撫司謝必振普濟萬靈匾康熙二年癸卯冊使張學禮王垓普濟羣生匾大門上書靈應普濟神祠則萬

曆三十四年冊使夏子陽王士禎所立也兩旁皆民房國中案牘多儲于此有鐘一架刻云琉球國王大世主庚寅慶生茲現法王身量大慈願海而新鑄洪鐘以寄捨本州下天妃宮上祝萬歲之寶位下濟三界之羣生辱命相國安潛爲其銘銘曰華鐘鑄就挂着珠林撞破昏夢誠（汪錄悞作正字）禱天心君臣道合蠻夸不侵彰凫氏德起追蠡吟萬古皇澤流妙法音景泰丁丑年月朔旦施

上天妃宮在久米村夏給諫子陽使錄云此爲嘉靖

中冊使郭給事汝霖所建他無碑記可証宮在曲巷
中門南向神堂東向門旁亦有石神二進門上甬道
左右寬數畝繚垣周環正中爲天妃神堂右一楹爲
關帝神堂左爲僧寮堦下鐘一所大門左有神堂上
嚮供龍神
天妃堂內有崇禎六年冊使杜三策楊掄立德配玄穹
康熙二年癸卯冊使張學禮王垓生天福靈二十二
年冊使汪楫朝宗永賴三匾副使林麟焻二十三字
長聯後稱裔侄孫麟焻敬題蓋

天妃爲莆田林氏閩中林姓多作此稱梁上有靈應普濟神祠之額乃萬曆中册使夏子陽王士禎所立也始至館第二日先詣孔廟行香次至天妃宮冬至則設萬歲龍亭於廟左明倫堂使臣以次行禮訖亦載謁夫子像朔望則否　天尊廟祀雷聲普化天尊汪錄永樂中貢使自京師塑像歸禱必應故第二日亦往行香朔望則不再至云

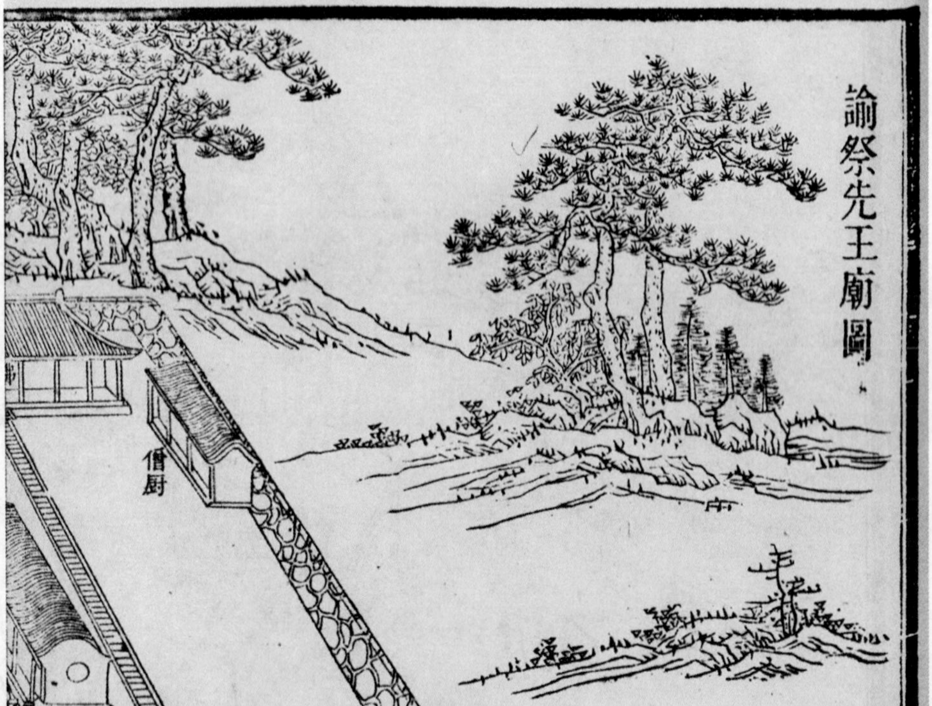

諭祭先王廟圖

堂
神厨
鉄
先王位
開讀臺
下馬碑
木坊
交里橋
卷十二

中山先王廟

自天使館至先王廟二里許天使館東有天妃宮宮前有方沼池過池東北沿隄行不半里有泉崎橋橋旁有孔廟由廟東行數百步北折爲長虹隄隄長亘二里許下作水門七以通潮隄旁有小石山名七星山七石離立沙田中隄盡北折爲安里橋此處地名安里故名汪錄作眞玉橋悞另有眞玉橋在豐見城北玉湖之上過橋東折即中山先王廟廟前松岡數重左右流澗寛丈許環注安里橋下入海廟前石路方廣左右立木坊及下馬石碑左右各一廟垣四周皆礪

石磊成正中作圈門三左右角門二門內前堂三楹匾肅客二字即祭畢設宴待客之所更進甬道東西廳各三楹堦下兩叢鐵樹攢鬱正廟七楹堂楹之上前使臣張學禮題河山帶礪汪楫題永覲厥成二匾俱在臣等亦書世篤忠貞四字懸其次堂西神厨二楹東爲佛堂前後六楹旁三楹爲僧厨

儀注俱從前使臣汪楫更定

六月二十六日丁卯行

諭祭禮先期灑掃王廟中堂屏蔽神主以便迎請

龍亭設香案於廟中設司香二人設開讀臺於滴水西
首設開讀位東南向設中山先王神主位於露臺東
首西向設世曾孫俯伏位於先王神主位之下北向
設世曾孫拜位於露臺中北向設衆官拜位於世曾
孫拜位後左右層列設奏樂位於衆官拜位之下北
向
祭日黎明法司官率衆官及金鼓儀仗畢集天使館
前天使啓門叅謁畢迎請
龍亭進公館中堂捧軸官捧

諭祭文二道奉安
龍亭內又捧齎賜絹帛二百端白銀二百兩奉安彩亭
內衆官排班行三跪九叩頭禮畢前導至安里橋世
曾孫皂袍角帶率衆官迎伏於橋頭道左
龍亭暫駐世子衆官平身天使趨前分立
龍亭左右通事官唱排班世曾孫率衆官行三跪九叩
頭禮畢世曾孫率衆官前導至廟門外
龍亭由中門入至廟內中堂彩亭內銀絹分列於先王
位前案上天使隨入左右立捧軸官由東角門入至

廟東邊門外西向立宣讀官展軸官由西角門入至
開讀臺下東向立司香二人舉香案置
龍亭前添香世曾孫率衆官由東角門入上露臺各就
拜位行三跪九叩頭禮畢退立於先王神位之下西
向捧軸官由廟東邊門入廟中堂天使先取
諭祭先王尚貞文授捧軸官高舉出廟中上開讀臺宣
讀官交之展軸官又交之捧軸官上臺立案右宣讀
官就開讀位展軸官立案左與捧軸官對展通事官
唱開讀世曾孫衆官皆俯伏於先王神位之下北向

候宣讀官從容讀畢通事官唱焚帛世曾孫率衆官
皆平身至焚帛所候焚畢同回露臺同衆官謝
恩三跪九叩頭禮畢退班世曾孫捧先王尚貞神主由
廟東邊門入廟內安於東偏神座世曾孫又捧先王
尚益神主就位天使又取
諭祭先王尚益文授捧軸官如前儀
諭祭文二道皆另謄錄焚黃原
勅俱請留供廟中
諭祭禮畢天使易服世曾孫揖至東廳行相見禮世曾孫未

受封猶守幕次至此始與使臣相見七宴自此始張學禮記始至有迎風宴非也天使居東世曾孫居西各三拜送坐奉茶畢請就前堂宴天使左行世曾孫右行至前堂天使居東世曾孫居西安坐正使居東副使居西俱南面坐世曾孫面東北坐不設樂茶酒皆親獻天使辭天使酬獻亦辭席終請天使輿至滴水前世曾孫下階揖別衆官出門跪送世曾孫是日不及詣館謝先遣官至館謝勞天使次日亦遣官入王城謝宴爲第一宴

諭祭先王文二道

維

康熙五十八年歲次己亥六月壬寅朔越祭日丁卯

皇帝遣册封琉球國正使翰林院檢討海寶副使翰林

院編修徐葆光

諭祭於故琉球國中山王尚貞之靈曰朕撫綏萬邦中

外一體越在荒服咸昇湛恩矧效忠旣篤於生前斯

賜卹彌隆於身後眷言鴻伐宜賁龍光爾琉球國中

山王尚貞肅凛朝章丕揚世緒秉聲靈於天府水靜

鯨波奉正朔於大庭風清鳥服靖共匪懈恩早錫於

九重貞順爾加時將歷乎三紀方謂期頤未艾何圖
徂謝遐聞深用愴懷特頒祭䘏嗚呼作屏翰於遐方
始終臣節被優崇於幽窆炳煥綸褒用薦苾芳尚其
歆格

維

康熙五十八年歲次己亥六月壬寅朔越祭日丁卯
皇帝遣冊封琉球國正使翰林院檢討海寶副使翰林
院編修徐葆光
諭祭於故琉球國王尚益之靈曰朕承天麻撫馭區寓

罔有內外並予輯綏凡所賓貢不忘存卹有庸必報雖遠弗遺所以示懷柔昭鉅典也爾琉球國王嗣尚益承先受祚繼志輸忠世著勲勞奉共球而內嚮代修朝請航溟渤以歸誠乃涖職止於三年嗣封闕於再世眷言藩服方期多福之是膺勉樹嘉猷詎意修齡之難得訃音遠告褒卹特申雖錫命未逮於生前而榮施實隆於身後爰頒祭醊用遣專官嗚呼玉冊遥傳庶慰來王之志綸函覃被聿昭撫遠之忱載設牲犧庶其歆格

冊封中山王圖
西
南
瑞泉

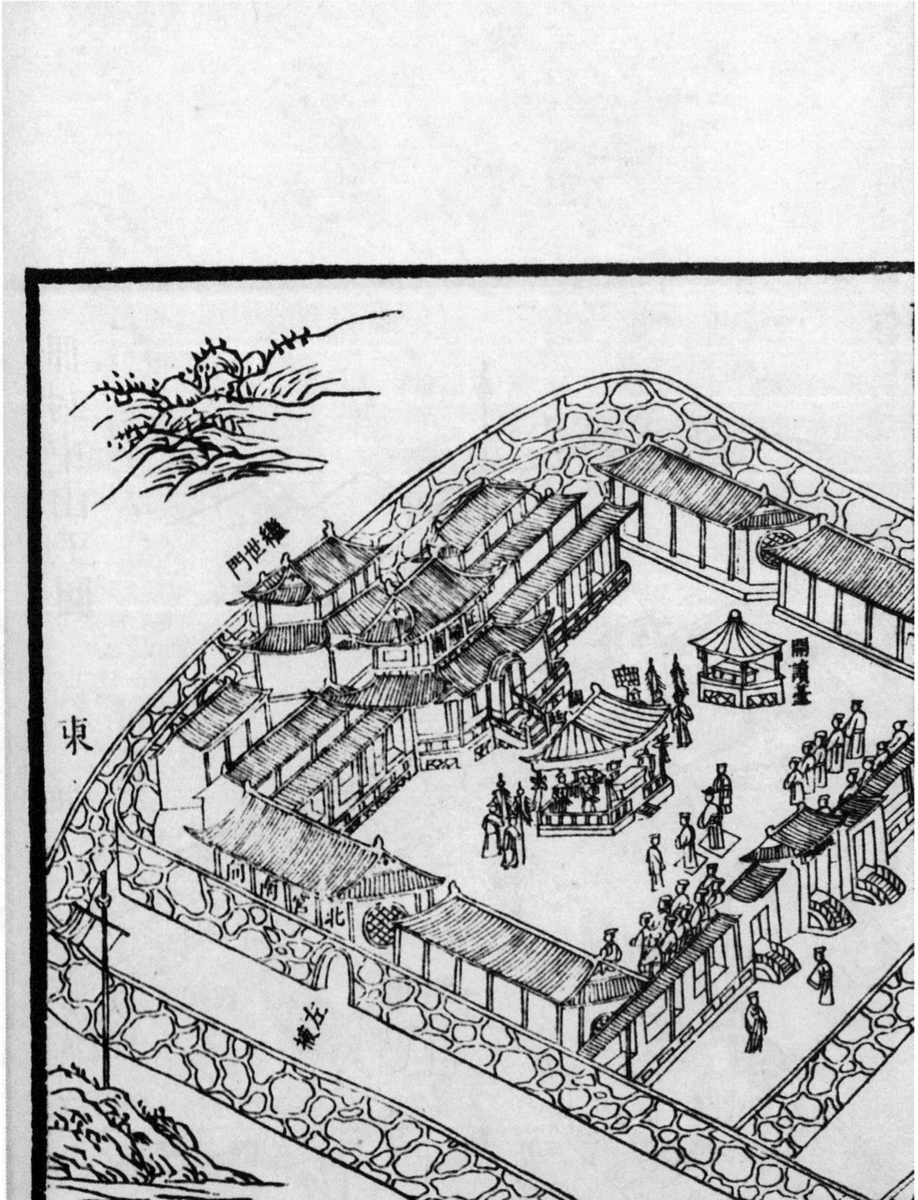
繼世門
開讀臺
東
左掖

中山王府

自天使館至中山王府十里

册封日自先王廟以東紅帽吏排仗夾道列至王宫先王廟南折爲八幡橋更東過岡二里許爲差回橋亦名茶崎上岡東行爲萬松嶺石路修整岡巒起伏松皆數圍夾道森立更進爲萬歲嶺更進半里許有坊牓曰中山道南有安國寺寺對街累牆如削爲世子第夾路皆礪石短牆高三四尺中路有鳳蕉一叢累石環之又進半里許有坊牓曰守禮之邦中山王伏

迎
詔於此坊下道旁石牆漸高八九尺坊外道左有天界寺寺門北向佛殿西向寺前西南爲王瑩對街繚垣內爲大美殿更進半里許爲歡會門卽中山王府城也在山頂礪石城垣四週三四里遠望如聚骷髏自古紀之蓋言其形似也山形殿址本南北向由那覇至中山從西岡上故門皆西向城外石崖上左刻龍岡右刻虎萃城四面各一門前歡會門西向後繼世門東向左水門南向右久慶門北向更進歡會門至石崖下爲瑞泉上崖門西北

向牓曰瑞泉左右皆甬道右左掖右掖二門通入王宮更進樓牓曰刻漏西向更進爲廣福門西北向更進爲奉神門左右三門並峙西向王殿九間皆西向殿樓上供

御書中山世土四字大牓卽王宮也前殿庭方廣數十畝左爲南樓北向右爲北宮南向匾曰忠順可嘉凡宴天使皆于此殿屋皆固樸多柱礎屋一間施二十柱無華采之餙亦不甚巍峨以在山頂多海風故也

儀注俱從前使臣汪楫更定

冊封先一日所司張幄結綵於天使館國中經行處所

皆結綵造板閣一楹爲
闕庭設於王殿庭中中置殿陛左右層階設香案於
闕庭前設司香二人於香案左右設世子受賜予位於
香案之前設宣讀臺於殿前滴水之左設世子拜位
於露臺正中設衆官拜位於世子後左右層列世子
左右立引禮官二員衆官左右立贊禮官二員陳儀
仗於王殿左右設奏樂位於衆官拜位之後
七月二十六日丁酉黎明法司官衆官率金鼓儀仗
畢集天使公館前天使啓門參謁畢迎請

龍亭入公館中堂捧詔官捧勅官各捧
詔勅奉安
龍亭中捧幣官捧緞疋等分置左右綵亭中王與妃各
一亭衆官排班行三跪九叩頭禮畢前導世子率衆
官伏迎於守禮坊外
龍亭暫駐世子衆官平身天使趨前分立
龍亭左右通事官唱排班世子衆官行三跪九叩頭接
詔禮畢衆官世子前導立殿下
龍亭入至

闕庭中綵亭分列左右天使分立
龍亭左右捧詔官捧勅官立殿陛下宣讀官立開讀臺
下司香者舉香案於
龍亭前添香奏樂引禮官引世子由東階升詣香案前
樂止引禮官唱跪衆官各就拜位皆跪引禮官唱上
香案右司香者捧香跪進於世子之左三上香訖俯
伏興平身奏樂引禮官引世子出露臺就拜位率衆
官行三跪九叩頭拜
詔禮畢平身樂止天使詣前正中立捧詔官捧勅官由

東階升天使取
詔授捧詔官取
勅授捧勅官高舉下殿陛同宣讀官上開讀臺
詔勅并置案上通事官唱開讀樂止引禮官唱跪世子
衆官皆跪捧詔勅官以次對展宣讀官次第讀畢引
禮官唱平身世子衆官皆平身奏樂捧詔勅官各捧
詔勅升殿陛天使仍奉安
龍亭中捧詔勅官下東階國王及衆官行三跪九叩頭
謝封禮畢平身樂止天使宣制曰

皇帝勅使賜爾國王及妃緞疋絲帛引禮官引國王由
東階升法司官隨行國王至受賜予位跪奏樂天使
取賜王及賜王妃緞疋一一親授國王國王高舉法
司官跪接傳置案上畢俯伏興平身引禮官引國王
復位率衆官行三跪九叩頭謝賜禮畢平身樂止引
禮官引國王升東階至
龍亭前跪問
聖躬萬福天使答曰
聖躬萬福國王俯伏興平身奏樂引禮官引國王復位

率衆官行三跪九叩頭問安禮畢平身樂止引禮官
引國王升東階至香案前跪請留
詔勅爲傳國之寶法司官捧前代詔勅呈驗天使驗明
允所請捧亭中
詔勅親授國王國王平身仍奉安亭中奏樂引禮官引
國王復位率衆官行三跪九叩頭謝
恩畢國王請天使更衣俱肄北宮對拜安坐獻茶一
如前儀用樂人聲居上鐘鼓列下陛迭奏爲第二宴
冊封詔

奉
天承運
皇帝詔曰朕恭膺
天眷統御萬邦聲教誕敷遐邇率俾粵在荒服悉溥仁恩
奕葉承祧並加寵錫爾琉球國地居炎徼職列藩封
中山王世子曾孫尚敬屢使來朝貢獻不懈當閩疆
反側海寇陸梁之際篤守臣節恭順彌昭克殫忠誠
深可嘉尚茲以序當纘服奏請嗣封朕惟世繼爲家
國之常經爵命乃朝廷之鉅典特遣正使翰林院檢

討海寶副使翰林院編修徐葆光齎詔往封爲琉球
國中山王爾國臣僚以曁士庶尚其輔乃王愼修德
政益勵悃忱翼戴天家慶延宗祀實惟爾海邦無疆
之休故茲詔示咸使聞知
康熙五十七年八月　日

賜勅

皇帝勅諭琉球國中山王世子曾孫尚敬惟爾遠處海
隅虔修職貢屬在冢嗣序應承祧以朝命未膺罔敢
專擅恪遵典制奉表請封朕念爾世守臣節忠誠可

嘉特遣正使翰林院檢討海寶副使翰林院編修徐
葆光齎勅封爾爲琉球國中山王并賜爾及妃文幣
等物爾祇承寵眷懋紹先猷輯和臣民慎固封守用
安宗社于苞桑永作天家之屏翰欽哉毋替朕命故
諭

頒賜國王
蟒緞貳疋　青綵緞叁疋
藍綵緞叁疋　藍素緞叁疋
閃緞貳疋　衣素貳疋

錦　叄　疋　紗　肆　疋

羅　肆　疋　紬　肆　疋

須賜妃

青綵緞貳疋　藍綵緞貳疋

粧緞壹疋　藍素緞貳疋

閃緞壹疋　衣素貳疋

錦　貳　疋　紗　肆　疋

羅　肆　疋

康熙五十七年八月　日

臣葆光按前明賜賚幣物隨特有異附誌於後以
備叅考中山世鑑載正統十四年賜國王尚思達
錦四粧花連毬花紅一粧花連勝寶相花紅一十字綾花黃一百花絨錦黃一紵
絲六織金胷背麒麟紅一獅子青一暗八寶天花雲紅一雲綠一素青一綠一
紗八織金胷背白澤紅一麒麟青一暗花藍一暗花骨朵雲八寶紅一素紅一青
一綠一藍一羅六織金胷背麒麟紅一青一素紅一青一綠一藍一賜
王妃錦二粧花雲鳳青一百花絨錦黃一紵絲四織金胷背白澤紅一暗花骨
朵雲青一暗天花八寶雲綠一素青一紗四織金胷背白澤紅一暗花骨朵雲綠一
素紅一青一羅四織金胷背虎一素青一綠一藍一又賜王叔錦

一連勝寶相紵絲四織金白澤大紅一暗花骨
花黄一朶雲青一暗八寶天花雲
緞一素紅一景泰二年賜國王尚金福及妃錦紵等數
同王叔無賜爲異嘉靖十三年册使陳侃録賜國
王尚淸紗帽一展角全金廂犀束帶一常服羅一大
紅織金胷背麒麟圓領一青褡護一綠貼裏一皮
弁冠服一副柒旒皂縐紗皮冠一旒珠金事全玉圭一
袋全五章絹地紗皮弁服一套大紅素皮弁服一纁
色素前後裳一纁色素蔽膝一玉鈎全纁色粧花錦
綬一金鈎玉玎璫紅白素大帶一大紅素紵絲舄一雙

襪全丹磬紅平羅銷金夾包袱四素白中單一紵絲二黑綠花一深青素一羅二黑綠一青素一白氁絲布一賜王妃紵絲二黑綠花一深青素一羅二黑綠一青素一白氁絲布十與正統景泰中所賜已各不同

琉球國王印

順治十年國王尚質來繳前朝故印請封重給康熙元年册使始至國賜王此印印文六字琉球國王之印左滿右篆不稱中山

臣葆光按康熙元年冊封詔曰遣官捧詔印封爲琉球國中山王則印文似當云琉球國中山王之印始與詔文相應然考前明洪武十六年始賜王察度鍍金銀印十八年又賜山南王山北王駝紐鍍金銀印各一是時國分爲三察度止有中山則當稱中山王今琉球旣并山南山北爲一已三百餘年矣而本國尚仍中山一隅之號蓋承前襲封舊文疑乎自示不廣以義揆之當如賜印止稱琉球國王爲正

中山王圖

年二十歲康熙三十九年庚辰六月十九日生

中山王儀仗圖

路供

中山王肆館儀仗

七月二十六日

册封禮成中山世曾孫尚敬始稱中山王擇吉告祖廟

八月二日受國中各島臣民賀訖初九日中山王躬

詣天使館謝

封盛儀仗備官僚成禮而還其初出府門也乘十六人

肩輿及過長虹隄至孔廟南小駐別館易衣烕輿夫

之半始至天使館還至別館仍易衣儀從如前歸府

第今所見者與前使臣汪楫所記少異略載于後

鳴金四人　鼓吹三隊隊八人　方棍六人　紅隔路二人　旗十六人　鐵叉二人　曲鎗二人　留家住四人　狼牙鈎二人　長鈎四人　鉞斧四人長桿鎗三十二人　月牙四人　鷄毛帚十二人馬尾帚二人　大刀二人　黃繖二人　花繖二人　引馬二人　提爐二人　黃緞團扇二人　綠珠團扇二人　印箱二人　衣箱二人　轎前紅桿鎗四人　紅鞘長腰刀四人　黑腰刀二人　長砍刀四人蕭崇業錄云有武士戴銅假面衣添甲帶刀者數十輩今則以常服執之　大掌

扇一人　紅絡金爐二人　金葫蘆二人　珠兜扇二人　小鵝毛扇二人　蠅拂二人金爐以下俱小童執近侍小童名察度奴示　黃帽對馬三十人耳目官大夫以下等員　紫帽對馬十二人紫巾官紫金大夫等員　綠地五花織金帽對馬二人王舅法司等員

附錄賀封路供

是日國王經行之處道旁皆設各種花供泉崎橋隄上道旁盆盎中羅花卉數十種排列數層朱欄繞之中刻木作一獸繪畫如麟狀後立一木版書云非龍

非彪非熊非羆王者之瑞獸更無對句此久米人所
設
使館東下天妃宫前沼池内作假山剪紙作白鶴一
池上斧大松一株立地中上亦作一白鶴如飛鳴相
向狀四圍以紙皮作假山羅花草數十種圍之中作
一老人二鹿如山呼祝壽狀此那霸人所設

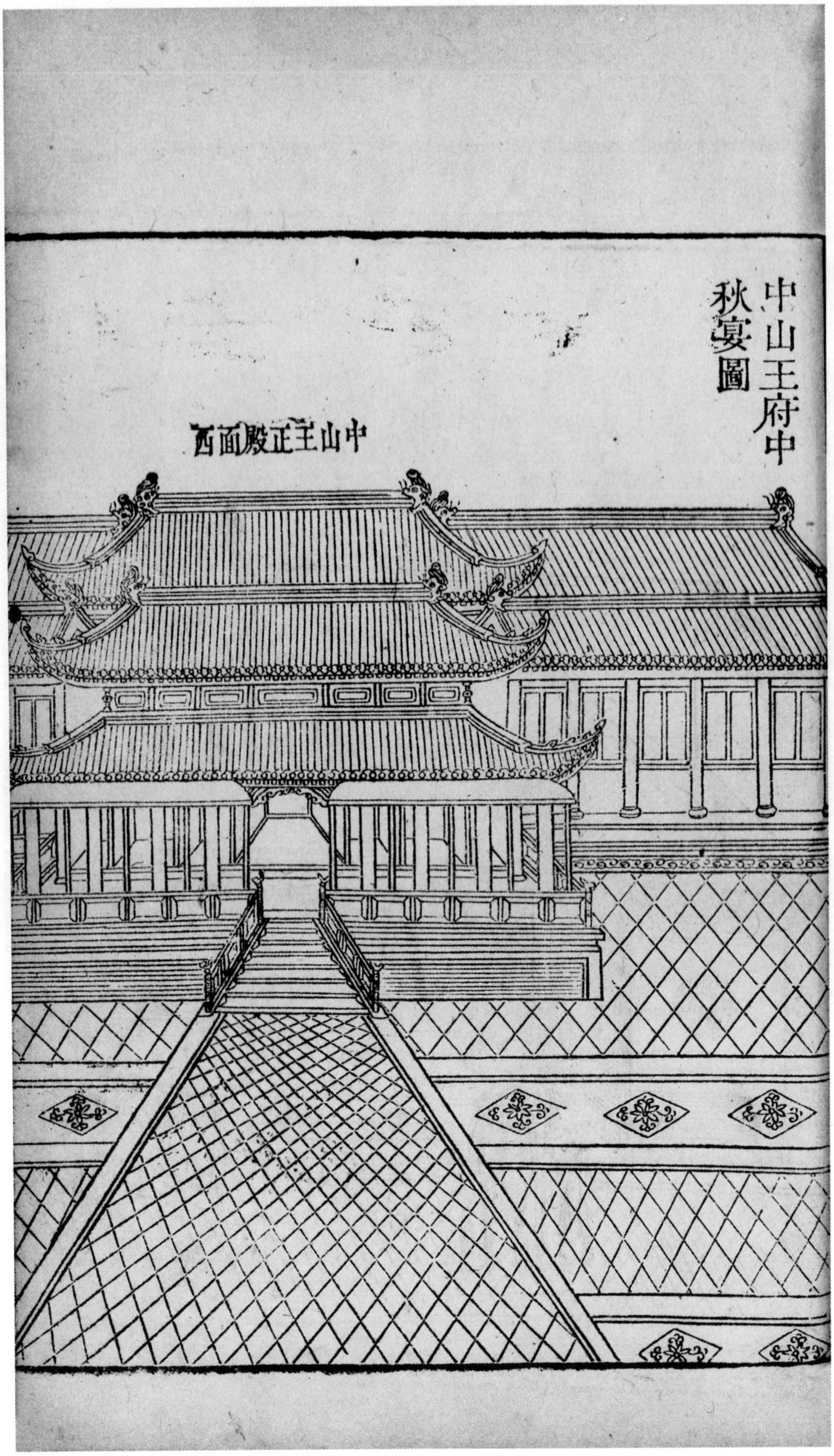
中山王府中秋宴圖
中山王正殿面西

北宮面南

中秋宴

王府庭中于北宮滴水前造木臺方五六丈帷幕四週王延客入席坐定先呈神歌祝頌說帖云本國混沌之初首出御世者爲天孫氏如中國羲皇澹泊爲治嗣後國君登位神每出示靈祐乃製迎神歌以歡樂之迨後神不屢出神歌遺曲至今猶存每當國王卽位及行慶諸事必皆舉行從前先王受

冊封後宴天使例首演之作一老人登場不作樂惟唱

神歌拜祝

皇上萬歲中外昇平次頌國王共蒙福祉今當中秋佳節天使降臨眞神人共喜之日也謹遵例首唱起神歌黃髮老人百拜稽首恭頌

皇上恩德如天國王帶礪百世老人歌罷拜退次令戚臣子弟俊秀者數十人衣彩衣隊隊相續歌太平曲以供宴樂云

先有樂工六人引聲如梵唄音無樂次有戴壽星假面一人登場和之三拜搓手起舞舞畢又三拜止

次有樂工十四人著雜色紅綠衣帽簷六稜低壓頭

頂或戴燕尾緑頭巾持樂器三弦二提琴一卽用三弦着引弓于上三弦槽柄比中國短半尺許笛一小鑼一鼓二登場前後二行曲跽上向引吭曼聲歌褭慢處有小童可十三四歲四人着朱色襪五色長衣無帶開襟搖曳頭戴黑皮笠朱纓索曼長垂胸前迴旋而上時作顧盼坐起之態登場一行面樂工小坐樂工代爲解笠捲朱纓盤着笠上仍授之小童起立執笠頓足按節而舞樂工曼聲歌與相應爲第一遍笠舞　又有四小童宮粧剪金扇面作花朶朱帕紫額上有金

飾五色衣項上帶五色花索一圍長垂膝下登塲樂工歌脫花索交手頓足按節如前爲第二遍花索舞　次有小童三人可十餘歳戴珠翠花滿頭着宫裙五色錦半臂肩小花籃各一提登塲鼎立樂工歌頓按如前爲第三遍籃舞　次幼童四人短朱綠五色宫衣長裙間綵曳地搖曳登塲向樂工小坐樂工各授小竹拍四片起舞按節手拍應之爲第四遍拍舞　次有武士六人着黑白相間綦紋大袖短衣金箍束額作平頂僧帽式挺白杖交擊應節爲第五遍武

舞　又有小童二人五色衣執金毬毬上四面著小
金鈴長朱索曼纓左右舞引二青獅登塲旋撲爲第
六遍毬舞　席終換席又有小童三人宫粧登塲向
樂工小坐工授以小花金桿二枝長不及尺許兩頭
著紅花交擊應節爲第七遍桿舞　次有小童四人
易宫衣登塲手執花竿長三尺許各一枝舞應節爲
第八遍竿舞時已向昏徹帷幕庭中設烟火數十架
又令數人頭戴火笠騎假馬頭尾烟爆齊發奔走庭
中以爲戲樂宴畢出城火炬長二丈許者數千夾道

送歸使館爲第三宴

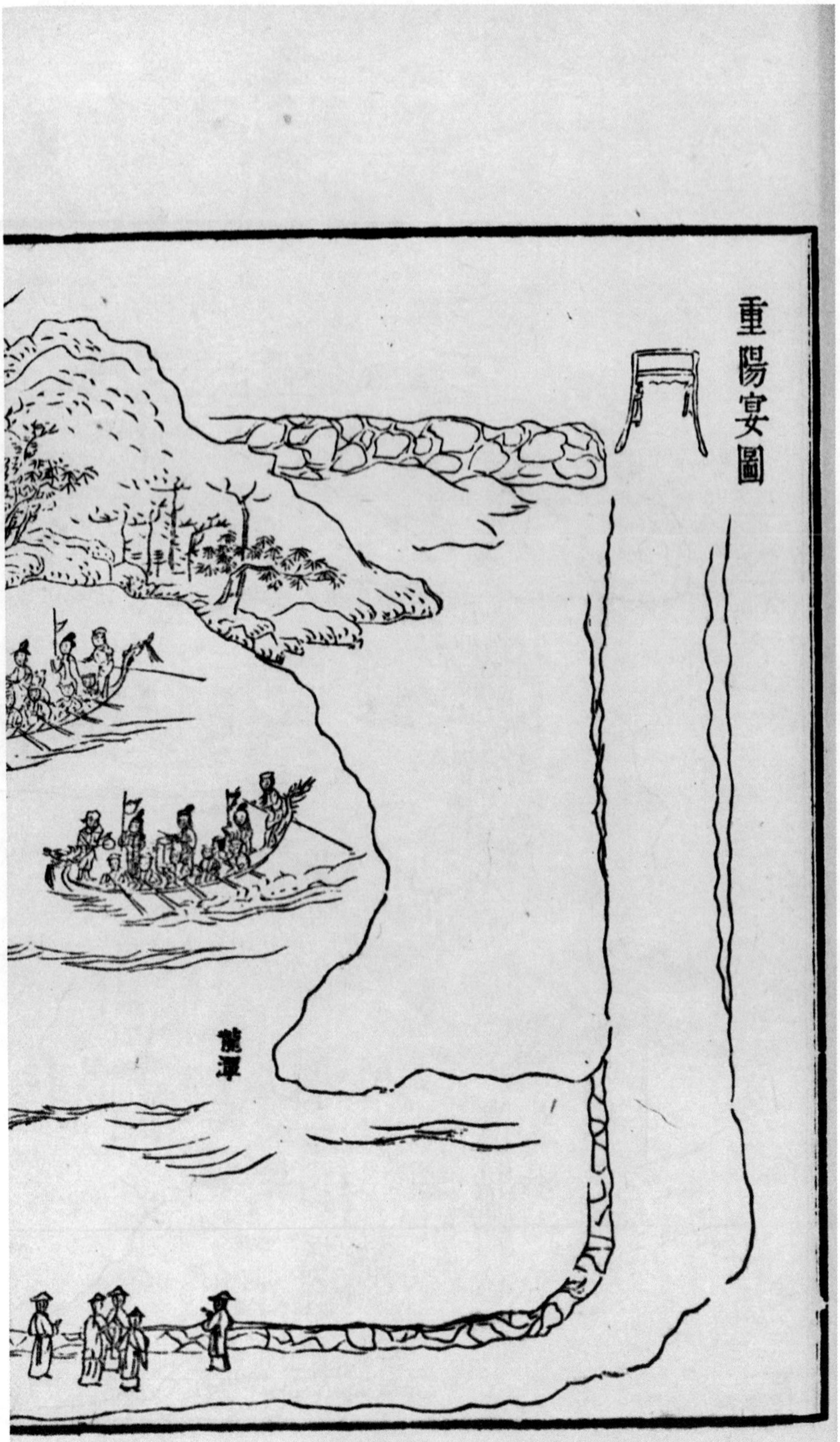
重陽宴圖
龍潭

重陽宴

龍潭在王宮之北圓覺寺西長不半里寬數十畝水渟瀠與圓覺寺前荷池相通瑞泉下流所匯也南岸爲神嶽蕉樹攢密不見曦月掩映碧潭岸無餘址北岸長隄上蠣牆連墉皆巨族居之跨東西有小橋潛渠入田東岸突出尖埠跨潭之中花樹森立三面臨水重陽宴爲龍舟戲設坐於此埠之上

先設木閣於埠上結綵數重氈席四周王揖客坐定龍舟三式與福州所見畧同梭長三丈餘槳二十八

人皆一色衣一紅一白一黑每舟中央設鼓綵衣小
童擊以爲節前後二綵衣童執五色長旗船首一人
擊鑼與鼓相應齊唱龍舟太平詞以歌
聖德及遠永享治平海國蒙恩竭忠仰報之意問其詞
大畧與前使所錄同左右旋繞四岸士女匝觀者數
百人龍舟戲畢國王先辭客同府第仍開宴于北宮
演劇六折畧記如後
第一爲老人祝
聖事老夫婦二人率子孫五六人登場跪國語致詞曰

當今
聖天子德高堯舜道邁湯文八埏昭日月之輝一統著
車書之盛國王夙沐
聖恩新受
冊封天使賁臨舉國歡忭小臣老夫婦生長本國年一
百二十歲皆康徤子孫三百三十餘人多有登仕籍
爲官者舉家蒙福子孫内有能歌唱彩舞者幸領獻
壽老夫婦再拜先舞其歌詞曰王德如海民之父母
受封於天帶礪永固舞罷群綵衣童隊隊相續一團

扇曲六童舞一掌節曲三童舞一笠舞曲四童舞一籃花曲
三童舞以上皆名太平歌
第二爲鶴龜二兒復父仇古事中城按司毛國鼎忠
勇爲國時勝連按司阿公少爲郡馬驕貴蓄異志忌
中城讒之於王誣以反王令阿公率師族滅之毛公
自刺死二子一名鶴年十三次名龜方十二既俊秀
父居常以寶劍二教之擊刺事時隨母在外家山南
查國吉所聞變泣請於母欲以間殺阿公復父仇求
寶劍各佩之步肆勝連伺阿公春遊即懷劍而前阿

公喜且醉解衣帶分賜二童攜一劍并賜鶴鶴乘其
醉拔劍刺之大呼曰我毛公子今殺汝爲我父復仇
阿公驚起頭隨劍落矣群從皆醉盡爲二童所殺云
第三爲鐘魔事中城縣姑𡍼村農家隂姓有兒名松
壽年十五歲白晳端麗至首里從師一日行至浦添
山徑中向昬黑持一竹竿點地行見燈求宿乃一獵
家父出夜獵止一女年十六頗妖麗留宿挑之松壽
坐聽不許強擁之松壽拂衣起女羞且怒持獵具欲
殺松壽松壽走女逐之山曲有萬壽寺主持僧普德

頗有行松壽奔入號救四顧無隱處僧伏之大鐘內令三徒守鐘旁女至三僧戲嬲逐之女不得松壽仰哭如癲出門去僧啓鐘有聲女還奔入方欲爲惡忽披髮攺形入鐘內普德與諸僧繞鐘咒之女自鐘倒垂首出見鬼面手一叉下擊諸僧僧咒不巳寺外大雷電女化魔走出不知所在　二事皆百年前國中事

第四折爲天孫太平歌共五十餘人先有一披髮頭陀執白木桿引五色衣小童花抹額各色蕉比甲腰

中各插菊花一枝金輪轉竿一枝共十九人上場左旋作一圍立爲第一層次有各色紅緑雜衣郎二十人上場右旋作第二層立次有彩衣小童二執小點鼓雜衣郎二人執銅點八人執腰鼓上場左旋作第三層立次有彩衣小童四人三人執紙帚一行中立每唱此四小童引調唱第一句起下雜衣郎和之小童後二層立樂工二十人居中外三層左右交轉外一層小童第一轉五色扇舞爲節第二轉金交桿爲節第三轉舞菊爲節第四轉舞輪竿爲節畢轉入第

二層雜衣郎轉出外一層手舞頓足回旋爲節四五
番以次旋轉而下爲第四宴
餞別宴爲第五宴儀禮如前又增國中故事一二齣
爲樂
拜辭宴爲第六宴儀禮增戲樂如前宴畢國王送客
出府至守禮坊外更設小座於世子第中手奉三爵
爲別
望舟宴爲第七宴國王至天使館設宴禮如前儀面
致金扇一握爲別臣等宴禮既畢涓吉登封舟候風

歸朝復
命中山王尚敬遣陪臣法司王舅紫金大夫等齎表謝
恩并貢物自附常年貢船一號隨封舟同發

中山王謝恩表

琉球國中山王臣尚敬誠懽誠忭稽首頓首謹奉
表上言伏以
聖武弘昭特重內屏之任
皇文丕振復膺外翰之權
隆體統於藩臣安內而兼攘外

煥規模於舊制緯武即是經文拜
命增虞撫躬益勵恭惟
皇帝陛下
道隆堯舜
德邁湯文
統六合而垂衣教仁必先教孝
開九重以典禮作君又兼作師臣敬世守藩疆代供
貢職荷
龍章之遠錫鮫島生輝沐

鳳詔之追揚丹楹增色對
天使而九叩望
象闕以三呼謹遣陪臣　向龍翼程順則等虔齎土物聊
表芹私伏願
乾行不息
澤沛彌崇
統王會以開圖合車書者千八百國
占天時而應律驗禎祥於三十六風將見文麟獻瑞彩
鳳來儀矣臣　敬無任瞻

天仰
聖激切屏營之至謹奉
表稱
謝以
聞
康熙五十八年十一月　　日琉球國中山王臣尚敬
謹上表
又疏
琉球國中山王臣尚敬謹奏爲恭謝

天恩事臣　敬彈丸小國僻處海隅深沐
皇恩允臣　嗣封康熙五十八年蒙
欽差正使翰林院檢討海寶副使翰林院編修徐葆光
等齎捧
詔勅幣帛隨帶員役坐駕海船貳隻於本年六月初一
日按臨敝國臣　依舊例令通國百官臣庶奉迎
詔勅安於天使館中揀吉於六月二十六日先蒙
諭祭臣　曾祖琉球國中山王尚貞復蒙
諭祭臣　父琉球國王尚益續於七月二十六日宣讀

詔勅封　臣　敬爲中山王荷蒙
欽賜蟒緞等項並妃綵緞等物　臣　敬率領百官拜舞叩
頭謝
恩外隨請於
天使懇留
詔勅爲傳國之寶蒙
天使查驗前封卷軸依聽許留付臣一併珍藏竊惟
聖朝加意撫柔有同覆載　臣　敬等曷勝感激爲此特遣
陪臣法司王舅向龍翼紫金大夫程順則使者楊天

祐通事蔡文河副通事鄭元良蔡墉等齎捧
表章土儀赴
京恭謝
天恩仰冀
睿慈俯鑒下悃臣敬無任激切屏營之至謹上
奏以
聞
貢物
金鶴二全銀座　盔甲一副護手護臁全　金靶鞘腰刀二

銀靶鞘腰刀二　黑漆靶鞘鍍金銅結束腰刀二
十　黑漆靶鞘鍍金銅結束鎗十　黑漆靶鞘鍍金
銅結束衮刀十　黑漆洒金馬鞍一轡鐙全　金彩畫
圍屏四　扇五百　土綿二百　紋蕉布二百　土
苧布一百　白鋼錫五百觔　紅銅五百觔
金鶴以下乃其謝封貢物舊例有胡椒今缺以白
鋼錫代之其常年貢物止于白錫一千觔　紅銅三千觔
硫磺一萬二千八百觔　琉璜納藩庫貢使賫銅錫至京前
明于福州特設市舶提舉一員專理琉球貢事以

内官領之　本朝省并其事于海防同知今貢使
猶稱之曰提舉云
又請存舊禮以勞使臣疏
琉球國中山王臣尚敬謹
奏爲頒封事竣懇存舊禮以勞使臣事康熙五十八
年蒙
欽差正使翰林院檢討海寶副使翰林院編修徐葆光
恭奉
詔勅幣帛于本年六月初一日按臨敝國二十六日先

蒙

諭祭　臣　曾祖琉球國中山王尚貞復蒙

諭祭　臣　父琉球國王尚益續于七月二十六日宣讀

詔勅封　臣　敬爲中山王荷授

欽賜蟒緞等項並妃綵緞等物此誠

天朝之殊恩而　臣　敬永代之榮光也竊惟

皇上覆載無外

覃恩於弱小之邦使臣衝風破浪艱險驚虞莫此爲甚

使臣入國以來撫綏海邦約束兵役舉國臣民無不

感仰惟臣敬所深愧者臣國邊海荒野無以將敬故
於宴款之際代物以金雖自知平菲薄實是緣以爲
例乃辱使臣屢辭往還再三堅持大義固却不受在
使臣氷兢自矢允矣有耻不辱爲
聖朝使節之光矣但念使臣間關勞瘁遠涉萬里風濤
實爲臣躬之故藉物表敬禮不將儀心竊難安至臨
行時復將屢宴前金特差法司大夫長史等官專送
懇受使臣復遣送還淸白之操可謂始終靡間獨是
微臣酬德報功莫展萬一殊慚舊禮有闕寸志莫伸

謹將送還屢次宴金四封共計一百九十二兩具本
附遣陪臣法司王舅向龍翼紫金大夫程順則等齎
進懇乞
欽賜使臣收受不勝惶恐激切之至謹上
奏以
聞
禮部謹　題爲
頒封大典已竣懇存舊例以勞使臣事該臣等議得琉
球國王尚敬奏稱

欽差正使翰林院檢討海寶副使翰林院編修徐葆光
等按臨敝國封臣敬爲王宴欵之際代物以金使臣
屢辭往還再三堅持大義固卻不受但微臣酬德報
功莫展萬一謹將宴金二封共計一百九十二兩具
本附陪臣法司王舅向龍翼等進呈懇乞
勅賜收受等語查康熙二十三年使臣翰林院檢討汪
楫等
冊封琉球國王所與宴金伊等未受該國王奏請　臣部
議覆仍不准其收受具題奉

旨這琉球國所與宴金仍着使臣收受欽遵在案今該
國王尚敬雖稱謹將宴金具本附陪臣等進呈懇乞
勅賜收受等語但海寶徐葆光等仰體
皇上特簡至意旣未經收受應將該國王所請收受之
處毋庸議九月初一日奉
旨宴金仍着使臣照舊例收受
臣葆光按前明使臣却金不受始於陳侃世宗仍
命侃等收受嗣後俱辭亦有准辭令貢使帶回者
本朝康熙二年癸卯二十二年癸亥及今三役皆蒙

恩仍着收受所以奬厲使臣者至矣癸亥之役琉球國
王疏引張學禮伏還原職舊例爲汪楫林麟焻等
題請議敘優升是時海氛雖靖海禁猶嚴行役艱
險議敘爲宜今則昇平日久中外一家加以海靈
效順履險如夷區區往來臣子常分何勞可言虛
詞求敘實不敢踵爲故事也

中山傳信錄卷二

中山傳信録卷第三

中山世系　封貢事蹟附

中山世系圖

○舜天—舜馬順熙—義本—

○英祖—大成—英慈—玉城—西威—

○察度—武寧—

○思紹—尚巴志—尚忠—尚思達—尚金福—

尚泰久—尚德

○尚圓—尚眞—尚清—尚元—尚永—尚寧

宣威

尚豐—尚賢

尚質—尚貞—尚純—尚益—尚敬

中山傳信錄卷第三

册封琉球國王副使　賜正一品麟蟒服翰林院編修加二級臣徐葆光纂

中山世系

臣按前使汪楫譔中山沿革志皆採前明實錄特汪與修明史採錄頗稱詳備然皆就其封貢往來中朝者言之故一一明悉至本國承襲先後之間或多昧焉時據所稱世纘圖所載互訂一二而已臣今至國遍訪所謂世纘圖者不獨民間無其書卽國庫中亦無其圖惟抄撮尚宣威以前事名中

山世鑑事與中山沿革志所載頗有不合者後細詢本國此書乃尚質從弟尚象賢字文英者爲之汪使封尚貞王時此書尚未成也中山開闢以來至舜天始有國字至尚象賢始窮搜博采集成此書本國稱其聰明才俊佐其姪尚貞有功於國其書必詳盡事理惜未及見其全書今但考正其歷代世系而以汪楫所採明史實錄中封貢往來之事附於其次以備考云

中山世鑑云琉球始祖爲天孫氏其初有一男一女

生於大荒自成夫婦曰阿摩美久生三男二女長男爲天孫氏國主始也二男爲諸侯始三男爲百姓始長女曰君君二女曰祝祝爲國守護神一爲天神一爲海神也天孫氏二十五代姓氏今不可考故畧之起乙丑終丙午凡一萬七千八百二年今斷自舜天始

舜天

宋淳熙十四年丁未舜天即位

舜天日本人皇後裔（大里）按司朝公男子也淳熙七

年庚子年十五屢有奇徵長爲〔浦添〕按司人奉其政斷獄不違天孫二十五世政衰逆臣利勇恃寵執權鴆其君而自立舜天討之利勇死諸按司推奉即位賞功罰罪民安國豐在位五十一年壽七十二嘉熙元年丁酉薨

舜馬順熙

宋嘉熙二年戊戌舜馬順熙嗣位

舜馬順熙舜天第一子淳熙十二年乙巳生五十四歲嗣位在位十一年壽六十四淳祐八年薨

義本

宋淳祐九年己酉義本嗣位

義本舜馬順熙第一子開禧二年丙寅生四十四歲嗣位其明年國中大饑次年疾疫人民半失君歎息名群臣曰饑疫并行不德誰讓群臣舉惠祖世嫡英祖君大悅名試國政舉賢退不肖疾疫止遂攝政七年義本讓位隱於北山在位凡十一年壽五十四歲

舜天至義本凡三傳共七十三年

英祖

宋景定元年庚申英祖即位

英祖天孫氏後裔惠祖世主孫紹定二年巳丑生有瑞徵十二歲名聞國家二十通經傳國人思事爲伊祖按司寶祐元年癸丑攝政及即位年三十二明年廵行國中效周徹法正經界均井地然後穀祿平百度舉矣景定五年西北諸島始來貢咸淳二年丙寅北夷大島來朝厚給賜遣歸是爲大島朝貢之始自後每年入貢英祖在位四十年壽七十一大德三年薨

大成

元大德四年庚子大成嗣位

大成英祖世子宋淳祐七年丁未生五十四歲卽位

以仁義措事以禮讓接物國治民安在位九年壽六

十二至大元年薨

英慈

元至大二年己酉英慈嗣位

英慈大成第二子宋咸淳四年戊辰生四十二歲卽

位在位五年治遵舊章深而有謀疏通知事壽四十

六皇慶二年薨

玉城

元延祐元年甲寅玉城嗣位

玉城英慈第四子元貞二年丙申生十九歲即位世衰政廢內爲色荒外爲禽荒諸按司不朝國分爲三中山王山南王山北王山南王大里按司也佐敷知念玉城具志頭東風平嶋尻喜屋武摩文仁眞壁兼城豐見城以上十一國從山南王山北王今歸仁按司也羽地名護國頭金武伊江大宜味今歸仁恩納

數國從山北王中山惟有首里王城那霸泊浦添北溪中城越來讀谷山具志川勝連首里三平首里有西平南平眞地平等謂之三平等數國中山山南山北時時兵發角戰數十年玉城在位二十三年壽四十一

西威

元至元三年丁丑西威嗣位

西威玉城第一子至和元年戊辰生十歲卽位政歸母后牝雞亂政時察度爲浦添按司有德國人歸服西威在位十四年壽二十三國人廢世子奉浦添□

按司察度爲王

英祖至西威凡五傳共九十九年

察度

元至正十年庚寅察度即位

察度（浦添間切謝那村）奥間大親之子奥間大親業農貧純厚天女來格而生察度始爲浦添按司西威薨世子五歲母后亂政國人廢世子奉之即位德厚民歸災變日銷國家豐饒（明史實錄）洪武五年行人楊載賫詔至國詔曰昔帝王之治天下凡日月所

照無有遠邇一視同仁此句之下中山世鑑有故中國尊安四夷得所非有意臣服之也三句自元政不作失綱天下兵爭者十有七年下有四方遐邇信好不通二句朕起布衣開基江左命將四征不庭西平漢主陳友諒東縛吳王張士誠南平閩越北淸幽燕朕爲臣民推戴卽皇帝位定有天下之號曰大明建元洪武以上一段中山世鑑作朕肇基江左掃群雄定華夏臣民推戴已主中國號曰大明建元洪武是用遣使外邦播告朕意使者所至稱臣入貢惟爾琉球在中國東南遠處海外未及報知茲特遣使往諭爾其知之此段中山世鑑作頃者克平元都疆宇大同已承正統方與遠邇相安于

無事以共享太平之福惟爾四裔君長酋帥等遐邇未聞故兹詔示想宜知悉於是王遣弟泰期奉表貢方物中山世鑑云其貢物馬刀金銀酒海金銀粉匣瑪瑙象牙螺殼海巴櫂子扇泥金扇生紅銅錫生熟夏布牛皮降香木香速香檀香黃熟香蘇木烏木胡椒硫磺磨刀石是爲琉球通中國之始　七年王又遣泰期等入貢并上皇太子箋貢物如之太祖賜大統曆及文綺紗羅賜泰期衣幣靴韈副使惹爬燕之及通事從人皆有賜泰期復來貢并上皇太子箋命刑部侍郎李浩齎賜文綺陶鐵器且以陶器七萬鐵器千就其國市馬及硫磺　九年夏王遣泰期從浩入貢馬四十匹浩

言其國不貴紈綺惟貴磁器鐵釜自是賞賚多用諸
物　十年王又遣泰期等表賀元旦貢馬十六匹硫
黄千斤　十一年十三年貢方物賜賚悉如例　十
五年王又遣泰期及陪臣亞蘭匏等貢馬及硫黄太
祖賜幣帛有加命尚佩監奉御路謙送泰期等返國
十六年王遣亞蘭匏表賀元旦貢方物山南王承
察度亦遣其臣師惹等奉表入貢太祖賜王鍍金銀
印及幣帛七十二疋山南王賜幣帛如之時二王與
山北王互相攻伐遣中使梁民勑王曰王居滄海之

中崇山環海爲國事大之禮不行亦何患哉王能體
天育民行事大之禮自朕卽位十有六年歲遣人朝
貢朕嘉王至誠命尚佩監路謙報王誠禮何期復遣
使來謝今令內使監丞梁民同前奉御路謙賫符賜
王鍍金銀印一近使者歸言琉球三王互爭廢農傷
民朕甚憫焉詩曰畏天之威於時保之王其罷戰息
民務修爾德則國用永安矣諭山南王承察度山北
王帕尼芝曰上帝好生寰宇之內生民衆矣天恐生
民互相殘害特生聰明者主之邇者琉球國王察度

堅事大之誠遣使來報而山南承察度亦遣人隨使
者入覲鑒其至誠深可嘉尚近使者自海中歸言琉
球三王互爭廢棄農業傷殘人命朕聞之不勝憫憐
今遣使諭二王能體朕意息兵養民以綿國祚則天
祐之不然悔無及矣于是王及山南王山北王皆遣
使入謝各賜衣幣　十七年王遣阿不耶等入貢賜
鈔幣　十八年表賀元旦貢方物太祖賜王海舟一
山南王如之又補給山南王山北王駝紐鍍金銀印
各一　十九年王遣亞蘭匏等貢馬百二十匹硫磺

萬二千斤賜宴及鈔　二十年王遣亞蘭匏等貢方物進皇太子箋獻馬山南王承察度叔汪英紫氏山北王帕尼芝亦各遣使入貢　二十一年王遣使甚模結致等貢馬賀天壽聖節　二十三年表賀元旦貢方物世子武寧亦貢馬五匹硫磺二千斤胡椒二百斤蘇木三百斤通事屋之結者攜胡椒三百斤乳香十斤爲門者所獲當入官詔還之仍賜屋之結等六十人鈔各十錠中山世鑑云洪武二十三年庚午南夷宮古島八重山島始來貢其後每年來貢　二十四年王及世子武寧遣亞蘭匏嵬谷

致等貢馬及方物山南王叔汪英紫氏亦遣使表賀
天壽聖節　二十五年王及世子武寧各進表箋貢
馬并遣從子日孜每濶八馬寨官子仁悅慈入國子
監讀書國人就學自玆始太祖各賜衣巾靴襪并夏
衣一襲鈔五錠秋又賜羅衣各一襲及靴襪衾褥山
南王承察度亦遣從子三五郎尾及寨官子實他盧
尾賀叚志等入國子監讀書賚如中山例先是國人
才孤那等二十八人採硫磺于河蘭埠遇風飄惠州
海豐爲邏卒所獲語言不通以爲倭人送至京至是

貢使爲白其事太祖皆遣歸賜閩人善操舟者三十六姓以便往來（萬曆中副使謝行人杰記云洪永二次各遣十八姓多閩之河口人合之凡三十六姓今所存者僅七姓中山世鑑云今存者僅蔡鄭林梁金五家）二十六年王遣使麻州等貢方物已又遣使壽禮結致等貢馬偕寨官子叚志每入國子監讀書太祖命賜夏衣靴襪秋又賜羅絹衣各一襲傔從各給布衣　二十七年王遣亞蘭匏等貢方物賜宴于會同館　二十八年王遣王相亞蘭匏貢方物山北王珉山南王叔汪英紫氏亦各遣使入貢太祖賜鈔有差　二十九年王

兩遣使貢方物山北王攀安知山南王承察度山南王叔汪英紫氏亦入貢詔遣三五郎亹等歸省賜三五郎亹白金七兩綵緞六表裏鈔五十錠寨官子實那盧亹鈔二十錠綵緞一表裏歸未數月會世子武寧遣使貢偕寨官子麻奢理誠志魯二人入國子監就學三五郎亹復與俱來請卒業太祖許之仍賜衣冠靴襪　三十年王兩遣使貢馬及硫磺山北王攀安知山南王叔汪英紫氏亦入貢　三十一年王遣亞蘭匏等貢馬及硫磺世子武寧貢如之女官生姑

魯妹偕入謝恩以昔常在京讀書也太祖賜鈔有差

三月太祖命以冠帶賜王先是王嘗請中國冠帶太祖命禮部圖冠帶之制示之至是匏等復以爲請賜如制并賜臣下冠服　永樂改元遣使以即位詔諭王王遣從子三五郎亹奉表賀且貢方物成祖賜鈔幣襲衣宴於會同館遣行人邊信劉亢齋絨錦綺紗羅賜王

臣按中山世鑑云王在位四十六年洪武二十八年十月五日薨今實錄二十九年後尚書王貢如

常豈未訃於朝耶

武寧

明洪武二十九年丙子武寧嗣位

中山世鑑云武寧察度世子元至正十六年生四十一歲嗣位違父遺命荒於禽色日夜逸遊諸侯多背尚巴志討滅之在位二十六年

明史實錄云察度卒子武寧遣三五郎亹訃告於朝

永樂二年正月成祖遣行人時中往祭賻以布帛詔武寧襲爵詔曰聖王之治協和萬邦繼承之道率由

常典故琉球國中山王察度受命皇考太祖高皇帝
作屏東藩克修臣節曁朕卽位率先歸誠今旣歿爾
武寧乃其世子特封爾爲琉球國中山王以承厥世
惟儉以修身敬以養德忠以事上仁以撫下克循玆
道作鎮海邦永延世祚欽哉四月山南王弟汪應祖
亦受封於朝應祖故山南王承察度從弟承察度無
子遺命應祖攝國事元年常遣長史王茂朝貢會山
北王攀安知遣使善佳古耶貢方物丐賜冠帶衣服
以變國俗成祖許之至是應祖遣使隗谷結致來朝

貢方物且奏乞如山北王例賜冠服成祖遂遣使齎
詔封之賜如所請偕其使俱還三年行人時中使琉
球還王遣三五良亹奉表貢方物謝襲封恩賜衣幣
宴於會同館已又遣養埠結制等賀萬壽聖節時山
北王攀安知山南王汪應祖亦遣貢應祖又遣寨官
子李傑赴國子監受學賜衣如例　四年王及山南
王山北王皆表賀元旦王遣寨官子石達魯等六人
就學賜衣鈔有差王進閹者數人成祖不受
臣按前使汪楫記云世纘圖云洪武二十九年王

即位凡在位二十六年其國繼世嗣位類先自立而後請於朝故所紀嗣位之年與中朝遣封之時多不合然明初貢使時通封卒年歲不應參差如是即云洪武二十九年嗣位中更靖難赴告踰期顧在位二十六年則永樂之末尚宜無恙何五年遂有祭賻之典耶按中山世鑑云武寧在位二十六年卒於永樂十九年辛丑尚巴志於永樂二十年立與世纘圖所記同皆非是遍問國中老成云武寧永樂四年受封薨於永樂三年在位十年尚

巴志旣滅山南山北遂幷滅中山王合三國爲一
而奉其父思紹爲王明史實錄永樂五年世子思
紹告其父武寧之喪來請嗣爵若合符節爲不謬
云

察度至武寧凡二傳共五十六年

思紹

明永樂四年丙戌思紹卽位

明史實錄云永樂五年四月世子思紹遣三吾良亹
貢馬及方物別遣使以其父武寧訃告成祖命禮部

賜祭賻誥思紹嗣王爵 按中山世鑑云宣德三年封父思紹爲王非也追封之王主不入廟今先王廟中有思紹神主其及身爲王明矣況實錄又鑿然可據無疑也 六年王遣使阿勃吾斯奉表貢方物謝襲封

恩時山南王汪應祖亦貢馬各賜鈔幣 七年王遣

使賀萬壽聖節山南王汪應祖亦貢馬各賜衣幣

八年王遣三吾良亹朝貢山南王汪應祖亦遣使賀

萬壽聖節皇太子皆賜之鈔幣王遣官生模都古等

三人入國子監受學皇太子各賜巾衣靴絛衾褥帳

具通事林佑本中國人啓請賜冠帶從之 九年王

遣三吾良亹賀元旦偕王相之子懐德寨官之子祖
魯古入國子監受學又遣使坤宜堪彌貢馬及方物
琉言長史王茂輔翼有年請陞茂爲國相兼長史事
又言長史程復一作朱復饒州人輔臣祖察度四十餘年
勤誠不懈今年八十有一請命致仕還其鄉悉報可
十年王遣使賀元旦山南王汪應祖亦入貢已又
遣使賀萬壽聖節成祖賜鈔幣又賜琉球生夏布襴
衫條靴　十一年王兩遣使貢馬偕寨官子鄔同志
久等三人一作三十人入國子監受學已又與山南王汪

應祖各貢馬賜鈔及永樂錢　十二年王遣使賀元
旦遣三吾良亹貢馬及方物賜鈔幣皇太子賜琉球
生益智每等二人羅布衣各一襲及襴衫靴襪衾褥
帷帳從人皆有賜成祖賜鄔同志久等三人衣鈔
十三年成祖遣行人陳季芳（一作若）等齎詔封山南王
汪應祖世子他魯每爲琉球國山南王時應祖爲其
兄達勃期所弑各寨官合兵誅達勃期推他魯每攝
國事他魯每表請襲封故遣使往并賜誥命冠服及
鈔萬五千錠王及山北王攀安知俱各遣使貢方物

王世子尚巴志亦遣使宜是結制貢馬及方物賜文綺三十表裏　十四年王遣三吾良亹貢馬及方物已又遣使貢馬山南王他魯每亦遣使來貢謝襲封恩　十五年王及山南王他魯每俱遣使貢賜賚甚厚已又與世子尚巴志各遣使貢馬　十六年王兩遣使貢方物成祖賜使者冠帶鈔幣有差　十七年王三遣使貢馬及方物　二十年王遣使賀元旦已又遣貢方物　二十一年世子尚巴志遣使奉表貢方物皇太子命禮部宴勞之　二十二年二月王訃

聞於朝命禮部遣官賜祭賻以布帛九月遣行人周

彝齋勅以行一作仁宗嗣位命行人方彝詔告其國

臣按中山沿革志云思紹永樂五年嗣位二十三年卒在位十八年非也王在位十六年永樂十九年薨今明史實錄二十年以後尚書王貢如常至二十二年始訃於朝未詳其故

尚巴志

明永樂二十年壬寅尚巴志嗣位

中山世鑑云尚巴志佐鋪按司思紹嫡子也洪武五

年壬子生洪武二十五年壬申年二十一嗣父思紹爲佐鋪按司賞罰不違視民饑如己饑民寒如己寒先起兵攻滅東大里按司諸按司歸之者甚衆遂進兵攻落中山奉其父思紹爲中山王復滅山北王攀安知及思紹卒尚巴志嗣位又親率兵攻滅山南王永樂十四年丙申山北亡宣德四年己酉山南亡當元延祐中琉球國分爲三其後百有餘年交攻七十餘戰尚巴志嗣位而後琉球國又合爲一統永樂二十一年癸卯秋遣使奏曰我琉球國分爲三者百有餘年戰無止時臣民塗

炭臣巴志不堪悲歎爲此發兵山南山北今歸太平伏願陛下聖鑒不違舊規給臣襲封謹貢土產馬及方物大明皇帝賜詔云爾琉球國分人民塗炭百有餘年比爾義兵復致太平是朕素意自今以後愼終如始永綏海邦子孫保之欽哉故諭尚巴志之奏及成祖之諭明史實錄皆不載姑存以備考

明史實錄云洪熙元年仁宗遣中官柴山齎勅至國封世子尚巴志嗣中山王勅曰昔我皇考太宗文皇帝躬膺天命統御萬方恩施均一遠邇歸仁爾父琉

球國中山王思紹聰明賢達茂篤忠誠敬天事大益久弗懈我皇考良用褒嘉今朕纘承大統念爾父沒已久爾其嫡子宜俾承續特遣內官柴山齎勑命爾嗣琉球國中山王爾尚立孝立忠恪守藩服修德務善以福國人斯爵祿之榮延於無窮尚其祇承無怠無忽仍賜冠帶襲衣文綺方仁宗遣山時貢使已兩至表稱世子賀成祖萬壽聖節至是始知改元是年凡四遣使貢馬及方物云　宣德元年王遣使貢方物謝襲封恩附奏曰臣祖父昔蒙朝廷大恩封王爵

賜皮弁冠服洪熙元年臣奉詔襲爵而冠服未蒙頒
賜宣宗命行在禮部稽定制製以賜之先是仁宗遣
封已賜冠帶而王復以爲請故宣宗特賜以皮弁冠
服王遣使鄭義才進香長陵義才言海風壞舟附內
官柴山舟得達乞賜一舟歸國且便朝貢宣宗命行
在工部與之已又兩遣使貢馬及硫磺賜襲衣靴襪
有差　二年王兩遣使貢方物時山南王他魯每亦
遣使進香長陵　三年王遣使鄭義才貢馬及方物
謝賜皮弁海舟宣宗賜義才等冠帶及金織紵綵襲

衣餘皆素紵襲衣宣宗以朝貢彌謹遣使齎勅勞之并賜王紵絲紗羅錦緞已又遣內官柴山副使阮漸齎勅賜王金織紵絲紗羅絨錦　四年王遣使表貢賀萬壽聖節已又兩遣使貢馬及方物山南王他魯每亦兩遣使入貢俱賜宴及鈔幣又命山南王使齎勅及鈔絹歸賜王汪記云自是山南王不復遣使蓋併於中山矣永樂十三年以後山北王攀安知不復入貢則山北先山南而亡者十四年矣　五年王四遣使入貢宴賚如例仍賜王鈔二萬一千七百六十錠　六年王兩遣使入貢又表貢馬及金銀器皿謝賜錦幣

七年宣宗以外國朝貢獨日本未至命内官柴山齎
勑至國令王遣人往日本諭之明年來朝宣宗命行
在工部給中山貢使漫泰來結制海舟一以貢使言
來舟損壞故是年王遣使入貢者凡四宴賚如例
八年王遣使入貢者凡二宴賚如例　九年王遣使
貢馬及方物已又遣使謝賜衣服海舟宣宗賜幣有
差仍命齎勑及幣歸賜王　十年王遣使謝禮部尚
書胡濙奏量遣正副使從人一二十人赴京餘悉留
彼處給待從之　正統元年英宗頒賜大統曆適王

遣貢使伍是堅至令是堅齎回勑諭王及日本國王
源義王再遣使貢馬及方物使者至福建如例止具
貢物以聞其自攜螺殼九十海巴五萬八千失於自
陳有司以漏報沒入使者籲請給值英宗命行在禮
部如例給之後浙江市舶提舉司王聰復以爲言英
宗詔禮部曰海巴螺殼遠人資以貨殖取之奚用命
悉還之仍著爲令　二年王遣陪臣義魯結制等貢
馬及方物奏稱本國各官冠服皆國初所賜年久朽
敝乞更賜又言本國遵奉正朔而海道險阻受曆之

使或半載一載方返事下禮部覆奏命冠服本國可依原降造用大統曆福建布政司給與之　三年遣使義魯結制等貢馬及方物賜幣有差　四年遣使梁求保入貢已又遣阿普禮是等入貢賜宴幣如例巡按福建監察御史成規疏言琉球使臣俱於福建停憩通事林惠鄭長所帶番稍人從二百餘人除日給廩米外其茶鹽醯醬等物勒折銅錢按數取足稍縱輒肆詈毆漸不可長事下禮部以爲於例止日給廩米一切費宜悉罷之其通事人員不行禁戢請治

罪英宗以遠人姑示優容令移文戒諭之　五年王遣步馬結制等貢馬及方物宴賚如例先是朝貢者朝參出入皆給馬至是令止給正副使著爲令中山世鑑云賜尚姓自茲始自是定例二年一貢巴志在位十八年壽六十八正統四年己未薨

尚忠

明正統五年庚申尚忠嗣位

尚忠尚巴志第二子洪武二十四年辛未生五十歲嗣位正統七年遣長史梁求保入貢以巴志訃告乞

嗣位英宗遣給事中俞忭行人劉遜齎詔至國詔曰
昔我祖宗恭天明命君主天下無間遠邇一視同仁
海外諸國咸建君長以統其衆朕承大寶祇奉成憲
用圖永寧故琉球國中山王尚巴志爰自先朝恭事
朝廷勤修職貢始終如一茲旣云亡其世子尚忠敦
厚恭慎克類前人上能事大下能保民今遣正使給
事中俞忭副使行人劉遜齎勑封爲琉球國中山王
以主國事爾大小頭目人等其欽承朕命盡心輔翼
惇行善道俾國人咸樂太平副朕仁覆蒼生之意并

勅王曰爾遣長史梁求保奏爾父王尚巴志亡歿良深悼念特遣使命爾爲琉球國中山王以主國事爾宜篤紹爾父之志益堅事上之誠敬守臣節恭修職貢善撫國人和睦隣境庶幾永享太平之福仍賜王及妃皮弁冠服金織襲衣幣布等物當体等未至忠巳兩遣使貢馬及賀明年元旦猶稱世子云　九年王遣使入貢者四使臣梁回奏乞一海船以便歳時朝貢從之　十年王遣使入貢者二宴賚如例　十一年王遣使入貢者二宴賚如例

臣按中山世鑑云王在位五年壽五十四正統九年薨而實錄十年十一年尚書王貢紀年參差有悞

尚思達

明正統十年乙丑尚思達嗣位

尚思達尚忠子永樂六年戊子生三十八歲嗣位正統十二年遣長史梁求入貢以其父尚忠訃告請襲爵三月英宗遣給事中陳傅行人萬祥諭祭故王尚忠封世子思達嗣王勅曰爾比遣長使梁求等奏爾

父王尚忠亡歿良深悼念特封爾爲琉球國中山王繼承爾父主理國事爾宜篤紹先志敬守臣節恪修職貢簡任賢良善撫國人和睦隣境以保國土仍以皮弁冠服常服及織金紵絲羅緞等物賜王復詔諭其國臣庶盡心輔翼各循理分毋或僭踰俾凡國人同樂雍熙副朕一視同仁之意王遣通事蔡讓等貢馬及方物宴賚如例　十三年王遣使入貢　十四年王遣使梁同等貢馬及方物時福建尤溪沙縣方有寇警所司請緩期三月始達已又遣使馬權度等

入貢王叔尚金福亦貢馬及方物賜衣幣冠帶命權度齋勅并綵幣歸賜王及王妃王叔　景泰元年遣使百佳尼朝貢景帝命齎勅并文綺彩幣歸賜王及妃通事程鴻言船壞不能返國願以賜幣造船禮部請移文福建三司聽其自造不得擾民從之已又遣使梁回貢馬及方物宴賚如例　二年王遣使察都等入貢亦以自備工料造船爲請禮部言今福建地方被賊人民艱窘宜令其俟本國進貢通事李敬等回日附載歸國從之已又遣使亞間美等入貢王在

位五年壽四十二正統十四年己巳薨無子乃立王
叔尚金福爲王

尚金福

明景泰元年庚午尚金福即位

尚金福巴志第六子洪武三十一年生五十三歲即
位景泰二年景帝遣左給事中喬毅殊域周咨錄作陳謨行人
童一作董守宏諭祭故王思達封其叔尚金福爲中山
王金福兩遣使入貢猶稱王叔蓋命未達也四年王
四遣使入貢宴賚悉如例在位四年壽五十六景泰

四年癸酉薨

尚泰久

明景泰五年甲戌尚泰久即位

中山世鑑云泰久尚金福第一子永樂十三年乙未生四十歲即位

明史實錄云金福既卒其弟布里與其子志魯爭立焚燒府庫兩傷俱絕所賜鍍金銀印亦鎔壞國人推尚泰久權國事景泰五年泰久以聞并請鑄印頒賜命所司給之已又遣使入貢表稱琉球國掌國事王

弟尚泰久景帝命齎勅及綵幣歸賜王弟六年王弟兩遣使入貢遣給事中嚴誠（殊域周咨録作李秉彝）爲正使行人劉儉爲副使齎詔封王弟尚泰久嗣王詔曰帝王主宰天下恒一視而同仁藩屏表率國中或同氣以相嗣朕躬膺天命撫馭諸侯琉球國王尚金福既薨其弟尚泰久性資英厚國衆歸心兹特遣使齎勅封爲琉球國中山王凡彼國中遠近臣庶宜悉心輔翼罔或乖違長堅忠順之心永享太平之福故兹詔示咸使聞知又勅王曰爾自先世恪守藩維傳及爾兄

益隆繼述敬天事上久而愈虔屬茲薨逝軫於朕懷爾乃王弟宜紹國封特遣使齋詔封爾爲琉球國中山王并賜爾及妃冠服綵幣等物爾尚砥礪臣節懷撫國人欽哉　七年遣使入貢猶稱王弟及冊封後遣使入謝又遣使入貢　天順二年王遣使朝貢者三　三年王遣使李敬貢馬及金銀器皿疏言本國王府失火延燒倉庫銅錢請照永樂宣德間例所帶貨物以銅錢給賜禮部以銅錢係中國所用難以准給宜將估計鈔貫照舊六分京庫折支生絹共四分

移文福建布政司收貯紵絲紗羅絹布等物依時値
關給從之王遣使亞羅佳其等入貢宴賚如例　四
年王遣使入貢　五年王遣使王察等貢馬及方物
六年王遣使程鵬等貢方物宴賚悉如例
中山世鑑云諸寺諸山建立大鐘皆王所鑄在位七
年壽四十六天順四年庚辰薨
臣按思達非金福子也中山世鑑惧汪記引世纘
圖云泰久係尚思達之弟而實録則云金福之弟
蓋實録止以請封之疏爲據他無可攷也

尚德

明天順五年辛巳尚德嗣位

尚德尚泰久第三子正統六年辛酉生二十一歲嗣位天順六年遣使入貢以泰久訃告英宗命吏科右給事中潘榮行人司行人蔡哲充正副使往祭故王泰久封世子尚德爲王詔曰朕紹帝王之統纘祖宗之緒主宰天下一視同仁撫馭華夷靡間遐邇惟爾琉球國僻居海島密爾閩中慕義來庭受封傳業蓋有年矣故國王尚泰久克篤勤誠敬天事人甫餘六

載條爾告終先業攸存可無承繼其世子尚德性資
仁厚國衆歸心兹特遣正使吏科右給事中潘榮副
使行人司行人蔡哲齎詔往封爲琉球國中山王仍
賜以皮弁冠服等件凡國中官僚士庶宜同心輔翼
作我外藩嗚呼循理謹度永堅率俾之忠親族睦隣
丕冑咸寧之化故兹詔示悉使聞知　七年王遣使
崇嘉山等入貢宴賚如例　成化二年王遣使程鵬
等貢馬及方物賜宴及衣幣　三年王遣長史蔡璟
入貢賜幣　四年王遣使程鵬巳又遣使讀詩貢馬

及方物俱賜衣幣　五年王遣長史蔡璟入貢又遣
使查農是等入貢宴賚如例
中山世鑑云尚德君德不修朝暮漁獵暴虐無道鬼
界島叛不朝貢數年王自將攻伐之歸彌自滿以致
敗亡在位九年年未三十成化五年巳丑薨壽二十
九歲世子幼稚國人廢之奉內間里主御鎖側是爲
中山王尚圓
思紹尚巴志至尚德凡七傳共六十四年
尚圓

明成化六年庚寅尚圓即位

中山世鑑云尚圓北夷伊平人即葉壁山也永樂十三年乙未生字思德金其先不可知或曰義本讓位隱北山疑即其後也一云葉壁有古嶽名天孫嶽尚圓即天孫氏之裔也父尚稷爲里主尚圓生有異瑞年二十四始渡國頭來仕中山尚金福時始給黃帽尚泰久時領主內間內間之民皆親愛之時久旱田苗皆稿獨其田不雨而潤民驚傳爲異王懼載妻子隱避一十四年德日懋尚金福聞其賢召爲黃帽官

轉御鎖側卽今耳目官也閭閻侃侃萬事當理德著
民懷尚德嗣位多行不義尚圓極諫云君用財若無
窮殺人若不勝尚德怒不聽再避隱於內間尚德卒
世子幼稚群臣殺之於眞玉城請御鎖側立爲王以
安國家尚圓固讓不獲乃至首里卽位除其虐政順
民所喜山林隱逸隨材器使遠近蠻夷皆歸心焉
明史實錄云成化七年尚圓遣使蔡璟等入貢以父
尚德薨來赴請襲爵憲宗遣戶科都給事中丘弘爲
正使行人司行人韓文爲副使齎儀物行慶弔禮封

世子尚圓爲中山王弘行至山東病卒改命兵科給事中官一作管榮偕文往　八年王遣長史梁應貢馬及方物宴賚如例　九年王遣王舅武實入貢謝襲封恩　十年王遣使沈滿志等貢馬及方物宴賚如例仍以鈔絹酬其自貢物値滿志等乞如舊制折給銅錢不許　十一年王遣使程鵬入貢附奏乞如常例歲一朝貢憲宗勅王曰王使朝貢已如例賞賜遣還近福建鎮守官奏通事蔡璋等還次福州殺人劫財非法殊甚今因使臣還特降勅省諭勅至王宜問

璋等故縱其下之罪追究惡徒依法懲治自後定例
二年一貢止許百人多不過加五人除正員外不得
私附貨物并途次騷擾有累國王忠順之意其省之
十二年王遣使梁應等入謝會憲宗立皇太子應
因奏乞如朝鮮安南例賜詔齎回禮部以琉球日本
占城皆海外國例不頒詔憲宗特命降勑并以錦幣
歸賜其王及妃　十三年王遣使李榮奉表謝恩已
又遣程鵬貢馬及方物復請歲一遣使朝貢不許命
如前勑王在位七年壽六十二成化十二年薨

尚宣威

明成化十三年丁酉尚宣威攝位

中山世鑑云尚宣威尚圓之弟宣德五年庚辰生少育於兄九歲從兄渡國頭至中山爲黃帽官尚圓卒世子尚眞年十三宣威攝國事六閱月國人樂附後引尚眞掖就王位巳東嚮立退隱於越來其年卒汪錄世纘圖云丙申八月四日卒壽四十八諡義忠今其子孫尚存

尚眞

明成化十三年丁酉尚眞嗣位

尚眞尚圓世子成化元年乙酉生年十三嗣位成化十四年遣長史梁應等請襲封憲宗命兵科給事中董旻爲正使行人司右司副張祥爲副使賫詔之國封世子尚眞爲中山王賜皮冠服金鑲犀帶并以綵幣賜王及妃應等具奏仍欲一年一貢不許 十五年王遣使李榮朝貢迎封冊賜宴及衣幣 十六年王遣使馬怡世入謝附奏乞如舊制不許 十八年王遣使貢馬及方物乞以陪臣子蔡賓等五人於南京國子監讀書令有司 如舊制歲給衣服廪餼王又

以不時進貢爲請禮部言其意實假進貢以規市販之利宜勿聽禮部又言琉球國進貢舊例到京少則四五十人多則六七十人俱給賞有差邇因各國進貢率多奸弊每國止許五七人不過十五人到京餘俱留邊以俟今福建以例止容正議大夫梁應等十五人赴京既巳給賞餘六七十人俱留布政司宜發官帑以次均給庶不減削太甚失柔遠之意從之

二十年王遣使程鵬貢馬及方物奏永樂年間所賜船破壞巳盡止存其三乞自備物料於福建補造部

議許造其一　二十二年王遣使蔡曦貢馬及方物
二十三年遣陪臣馬審禮等貢方物謝恩至則孝
宗嗣位登極四月賜冠帶衣幣仍命領詔賜王及妃
錦幣　弘治元年王遣使皮揚那等從浙江入貢孝
宗命却之以貢道當由福建且貢非其時也皮揚那
等具以國王咨禮部文言成化二十一年本國正議
大夫程鵬等進貢回國報知皇太子冊妃乃遣使表
賀並貢方物禮部言琉球入貢雖與例限不合然遠
人之情可念況箋文方物已至京難於終却請暫賜

容納後仍以舊例裁之或因福建風水不便取路浙
江亦令審實奏請方許起送今次所給正副使綵緞
等物宜如舊例沓伴從人減半以示裁抑之意從之
時蔡賓亦隨貢使至言成化中讀書南京國子監今
吏部侍郎劉宣時爲祭酒特加撫恤乞容執贄於宣
所致謝許之　三年王遣使馬仁等進香別遣王舅
麻勃都入貢奏稱本國來貢人員近止許二十五人
赴京物多人少恐致疎失又謂本國貢船抵岸所在
有司止給口粮百五十名其餘多未得給孝宗命來

京許增五人增口粮二十名　五年七年皆遣正議大夫梁德入貢賜王錦綵宴賚德等如例　九年十三年皆遣正議大夫鄭玖入貢賜王錦綵宴賚玖等如例　十五年王遣使入貢請於福建補造海船以便往回從之　十六年王遣使吳詩等往滿剌加國收買貢物遇風舟覆詩等百五十二人漂至海南登岸爲邏卒所獲廣東守臣以聞孝宗命送詩等於福建守臣處給粮贍養候本國貢使歸之　十七年王遣使具言前使遭風未回致失二年一貢之期至是

補貢納之　武宗登極命行人左輔頒詔至國正德二年王遣王舅亞嘉尼施等貢馬及方物奏乞每歲一貢禮部議琉球在昔朝貢不時至成化十一年因使臣不法勅令二年一貢今彼因入貢違期故爲此奏以餙非宜勿聽武宗特許之長史蔡賓奏乞自備工料修造貢船二隻禮部議行鎮巡官驗實量修不必改造賓復奏武宗曰令二船拆卸補造第勿過式

四年王遣正議大夫程璉入貢　五年請以官生蔡進等五人入國子監讀書許送南監仍給衣糧等

物如例　六年王遣正議大夫梁能七年又遣正議
大夫梁寬等貢宴賚如例　十年王遣長史陳義十
一年遣正議大夫梁龍貢馬及方物宴賚如例　十
二年王遣正議大夫陳義入貢　十三年遣長史蔡
遷十五年遣長史金良貢馬及方物宴賚悉如例
嘉靖改元王遣王舅達魯加尼進香貢方物慶賀詔
賜王及妃錦幣勑王仍遵先朝舊例越二年一朝貢
每年不過百五十人仍命福建巡按御史查勘驗放
三年王遣長史金良等二十人入貢良言其國先

有正議大夫鄭繩領謝恩方物渡海風漂未至而表文在此請得先進許之明年繩至言方物以舟敗至是復進福建守臣以聞世宗命就彼中宴賚遣還方物令所司轉運仍令繩賫勅轉諭日本國王令捕繫倡亂者以獻　五年官生蔡廷美等請就國子監讀書令禮部照例給廩米薪炭及冬夏衣服

中山世鑑云王在位五十年天姿明敏又能謙巳受益繼述父業治道大明政刑咸備年六十二歲以嘉靖五年薨

尚清

明嘉靖六年丁亥尚清嗣位

尚清尚眞第五子汪錄云天纘王子非是中山王無稱天纘王者弘治十年丁巳生年三十一歲嗣位　嘉靖七年遣正議大夫鄭繩等進貢請襲封繩等回至海中溺死　九年又遣蔡瀚入貢申前請禮部以襲封重典命福建鎮巡官查訪申報瀚請遣讀書官生蔡廷美等四人還本國婚姻給賞幣布有差瀚又言來經日本日本國王源義晴托齋表文乞赦其使臣宋素卿之罪併乞新

勘合金印復修常貢禮部驗其文俱無印篆言倭情
譎詐不可遽信勑琉球國王遣人傳諭日本令擒獻
首惡送回擄去指揮奏請裁奪　十一年正議大夫
金良賫國中人民結狀請冊封世宗遣吏科左給事
中陳侃爲正使行人司行人高澄爲副使齎詔之國
詔曰朕恭膺天命爲天下君凡推行乎庶政必斟酌
夫古禮其於錫爵之典未嘗以海内外而有間焉爾
琉球國遠在海濱久被聲教故國王尚眞夙紹顯封
已踰四紀茲聞薨逝屬國請封世子尚淸德惟克類

衆心所歸宜承國統朕篤念懷柔之義用嘉敬順之
誠特遣使賫詔封爾爲琉球國中山王仍賜以皮弁
冠服等物王宜愼乃初服益篤忠勤有光前烈國中
者俊臣僚其同寅翼贊協力匡扶尚殫事上之心恪
盡臣藩之節保守海邦永底寧謐又勅王曰惟爾世
守海邦繼膺王爵敬順天道世事皇明爾父尚眞自
襲封以來恭勤匪懈比者薨逝良用悼傷爾以冢嗣
國人歸心理宜承襲兹特遣使封爾爲琉球國中山
王并賜爾及妃冠服綵幣等物爾宜祗承君命克紹

先業修職承化保境安民以稱朕柔遠之意　十三
年遣正議大夫梁椿入貢表稱世子時詔命猶未達
也　十四年陳侃等還言海中風濤之險多藉神庥
不致顛覆乞賜祭以答神貺禮部議令布政司設祭
一壇報可王遣王舅毛實等入貢謝恩宴賚如例仍
以錦幣雜物賜王先是王以金四十兩饋侃等不受
實等并以金奏進世宗命侃等受之　十七年王遣
使陳賦入貢宴賚如例　十九年王遣長史梁梓貢
馬及方物奏請補造海船四以便續貢許之禁不得

違式　二十年王遣使殷達魯等入貢宴賚如例

二十一年長史蔡廷美招引漳州人陳貴等駕船之國適與潮陽船爭利互相殺傷廷美乃安置貴等於舊王城盡沒其貲貴等夜奔爲守者所掩捕多見殺於是誣貴等爲賊械繫送福建廷美賫表將赴京陳奏巡按御史徐宗魯會同三司官譯審別狀以聞留廷美等待命得旨貴等違法通番着遵國典重治琉球既屢與交通今乃敢擾奪貨利擅殺我民且誣以賊詭逆不恭莫此爲甚蔡廷美本宜拘留重處念素

係朝貢之國姑且放回後若不悛即絕其朝貢令福
建守臣備行彼國知之　二十二年王遣正議大夫
陳賦等貢馬及方物宴賚如例并以禮幣報王王請
遣官生梁炫等歸娶時炫等就學南監已踰七年詔
給賚糧驛騎遣人護歸　二十四年王遣長史梁顯
入貢送還朝鮮漂流人口宴賚如例　二十六年王
遣陳賦入貢賦與蔡廷會偕來廷會祖蔡璟閩人永
樂中撥往琉球充水手而產籍在閩與給事中黃宗
槩上世有親至是廷會來宗槩與交通饋謁事覺逮

下詔獄禮部請並罪賦革其賞世宗曰陳賦無罪賞如例蔡廷會交結朝臣法當重治念屬貢使姑革賞示罰蔡璟既永樂中撥出何得於中國置產立籍行撫按官勘明處分　二十八年王遣正議大夫梁顯入貢宴賚如例　二十九年王遣官生蔡朝用等五人詣京請入監讀書許之　三十二年王遣長史梁炫入貢宴賚如例　三十四年王遣正議大夫梁碩人貢具言貢舟至港其勢必壞請令使臣買海上民船駕還詔福建守臣覆狀聽買不得過大又請放官

生蔡朝用等歸國省親許之遣使送歸
中山世鑑云王聰明智斷剛强英毅能振其祖尚圓
父尚眞遺緒國中事多所興革至今法守東北屬國
大島嘉靖十六年恃遠絶貢不朝王遣將往征之復
守朝貢如常王在位二十九年壽五十九歲嘉靖三
十四年卒
尚元
明嘉靖三十五年丙辰尚元嗣位
尚元尚淸第二子嘉靖七年戊子生年二十九歲嗣

位嘉靖三十六年尚元遣正議大夫蔡廷會等入貢
請襲封先是三十五年倭寇自浙敗還入海至琉球
境中山王世子尚元遣兵邀擊盡殲之得中國被掠
人金坤等六名至是廷會等入貢獻還因言窮島遠
人須乘夏令遇南風汎始得歸國乞如三十四年例
每歲自行修買歸舟不候題請世宗嘉其忠順許之
仍賜勑獎諭賞銀五十兩綵幣四表裏有功人馬必
度及廷會等俱厚賜　三十七年遣給事中吳時來
行人李際春爲正副使無何時來疏論大學士嚴嵩

奸邪狀嵩言其畏航海之役故生事妄言世宗怒杖
時來遣戍改命刑科給事中郭汝霖爲正使偕際春
以行　三十九年汝霖等尚未行而正議大夫蔡廷
會入貢奉表謝恩稱受其世子命以海中風濤叵測
倭人出沒不時恐使者有他虞獲罪上國請如正德
中封占城故事遣人代進表文方物而身同本國長
史梁炫等賫囘詔冊不煩遣使巡按御史樊獻科以
聞下禮部議言琉球在海中諸國頗稱守禮故累朝
以來待之優異每國王嗣立必遣侍從之臣奉命服

節冊以往今使者未至乃欲遙受冊命則是委君貺於草莽其不可一也廷會奉表入貢乃求遣官代進昧以小事大之禮棄世子專遣之命其不可二也昔正德中流賊爲梗使臣至淮安撫按官暫爲留住候事寧即遣貢闕下占城國王爲安南所侵竄居他所故令使者賫回勅命乃一時權宜且此失國之君也造無稽之詞以欺天朝援失國之君以擬其主其不可三也梯船通道柔服之常彼所藉口者特倭人之驚風濤之險耳不知琛賓之諭納貢使之往來果何

由而得無患也其不可四也當時占城雖領回詔勅然其王沙古卜洛猶懇請遣使爲藩邦光重且廷會非世子面命又無印信文移若遽輕信其言萬一世子以遣使爲至榮謂遥拜爲非禮不肯受封復上請使如占城將誰任其咎哉其不可五也乞令福建守臣以前詔從事便至於未受封而先謝恩亦非故典宜止許入貢方物候受封後方進謝恩表文世宗從之　四十一年汝霖等始奉詔至國詔曰朕受天命主宰寰宇凡政令之宣布惟成憲之是循其於錫封

之典遐邇均焉爾琉球國遠處海陬聲教漸被修職
效義閱世已久故國王尚淸顯荷爵封踰二紀玆
者薨逝屬國請封世子元朕念厥象賢衆心歸附是
宜承紹國統特遣正使刑科右給事中郭汝霖副使
行人司行人李際春齎詔往封爲琉球國中山王仍
賜以皮弁冠服等物王宜謹守禮度益篤忠勤凡國
中官僚耆舊尚其同心翼贊以佐王飭躬勵行用保
藩邦故玆詔示咸俾悉知王遣其舅源德偕汝霖等
入謝初王以金四十兩餽汝霖爲謝却之至是源德

等齎所餽金請命世宗謂朝廷命使無受謝之義詔
聽汝霖等辭壽以二臣遠行著勞各賜銀幣　四十
二年王遣正議大夫鄭憲入貢送還中國漂流人口
世宗降勅褒諭賜銀幣憲因奏本國亦有流入中國
者乞命守臣恤遣下其疏於瀕海所司　四十四年
王遣長史梁灼貢馬及方物送還本國北山守備鄭
都所獲中國被掠人口世宗嘉王忠順再勅獎諭仍
賜銀五十兩綵幣四表裏灼都各二十兩一表裏
隆慶改元王遣使入貢宴賚如例　二年王遣使入

賀宴賚如例　三年王遣守備由必都等歸日本掠
去人口守臣以聞穆宗以王屢效忠誠賞銀幣同前
仍賜勑奬勵由必都等給銀幣有差　五年王遣正
議大夫鄭憲入謝又歸被掠人口再勑奬勵賜銀幣
給賞如前遣南監受學官生梁照等三人歸國從王
請也王在位十七年壽四十五歲隆慶六年薨
尚永
明萬曆元年癸巳尚永嗣位
尚永尚元之第二子嘉靖三十一年生年二十一歲

嗣位　萬曆元年遣使入貢請襲封禮部行福建鎮
巡官査勘又送還被掠人民奬賚如例　二年世子
遣王舅馬中叟長史鄭佑等十八人入貢賀登極宴
賚如例　三年世子兩遣使入貢　四年世子遣正
議大夫蔡朝器等貢方物如例給賞外神宗命每五
日另給雞鵞米麪酒菓以示優異以戶科左給事中
蕭崇業爲正使行人謝杰爲副使齎皮弁玉圭往封
尚永嗣王崇業等疏言四事一頒去詔勅如彼國懇
留宜加例俯循其請一秋祀海神合舉祈報二祭一

造船宜專責府佐副以指揮二員造完一併隨行一
飲食物用弓矢器械以及觀星占風聽水察土醫卜
技藝之流畢備許酌量取用悉如所請　五年正議
大夫梁灼入貢表稱世子時崇業等尚未行也　八
年慶詔至國詔曰朕受天明命君臨萬方薄海内外
罔不來享延賞錫慶恩禮攸同惟爾琉球國遠處海
濱恪遵聖教世修職貢足稱守禮之邦國王尚元紹
序膺封臣節粲謹茲焉𡙇逝悼切朕衷念其侯度有
常王封當繼其世子永德惟象賢惠能得衆宜承國

統永建外藩特遣正使戸科左給事中蕭崇業副使
行人司行人謝杰齎詔往封爲琉球國中山王仍賜
以皮弁冠服等物凡國中官僚耆舊尚其協心翼贊
畢力匡扶懋猷勿替於承先執禮益虔於事上綏茲
有衆同我太平則亦爾海邦無疆之休勅王曰惟爾
先世守此海邦代受王封克承忠順迨於爾父元畏
天事大益用小心誠節懋彰寵恩洊被遽焉薨逝良
用悼傷爾爲冢嗣克修厥美群情旣附宜紹爵封茲
特遣使封爾爲琉球國中山王并賜爾及妃冠服彩

幣等物爾宜恪守王章遵述先志秉禮守義奠境安民庶幾彰朕無外之仁以永保爾有終之譽王遣王舅馬良弼入謝偕陪臣子鄭週等三人就學命送南京國子監如例給衣糧　九年王遣正議大夫梁燦入貢　十一年王遣使梁灼入貢　十五年王遣正議大夫鄭禮謝恩別遣使貢方物宴賞悉如例明年王卒在位十六年年三十五歲

尚寧

明萬曆十七年己丑尚寧即位

尚寧尚眞王之孫尚懿之子尚永無世子國人立尚寧年二十六歲即位遣使鄭禮入貢言國方多事未暇請封（萬曆十四年日本平秀吉僭稱關白威脅琉球等諸國皆使奉貢又慮琉球洩其情使毋入貢）二十七年寧遣使鄭道等請封部議不必遣官但取具該國王舅法司等官印結與世子奏本到即頒封神宗曰今既請封可着選廉勇武臣一員同往行禮　二十九年禮部右侍郎署尚書事朱國祚言琉球國僻處東南世修職貢時當承襲屢遭倭警延道至今既經世子尚寧奏請相應准封其該用皮弁

冠服紵絲等項宜照例應付遣官已奉明旨但據其
陳乞情詞援引會典必以文臣爲請惟聖明裁定乃
命兵科給事中洪瞻祖行人王士禎爲正副使往瞻
祖以憂去以兵科右給事中夏子陽代之　三十三
年神宗命夏子陽等作速渡海以彰大信仍傳諭彼
國以後領封海上著爲定規先是萬曆二十三年琉
球使臣於霸等爲世子尚寧請封撫臣許孚遠以倭
氛未息議遣使齎勅至福建聽來使面領或遣慣海
武臣同彼國使臣往得旨待世子表請然後如議須

封迨二十八年請封表至則有用武臣之旨二十九年世子再疏乞差文臣始改後命於時子陽等方齎勅入閩而廵按方元彥以濱海多事偕撫臣徐學聚請仍遣武臣前往子陽等具言屬國言不可爽使臣義當有終乞堅成命以慰遠人俱未報而禮部侍郎李廷機言宜斷行領封初旨并武臣之遣而罷之於是御史錢桓給事中蕭道高各具疏力言其不可且云此議當在欽命未遣之先不當在冊使既行之後宜行該撫速造海船勿悞今年渡海之期候事竣復

命然後定爲畫一之規先之以文告令其領封海上
永爲遵守從之於是子陽等齎詔之國詔曰朕恭膺
天命誕受多方爰曁海隅罔不率俾聲教所訖慶賚
惟同爾琉球國僻處東南世修職貢自我皇祖稱爲
禮義之邦國王尚永祇襲王封恪遵侯度倏焉薨逝
良惻朕心其世子寧賢足長人才能馭衆間關請命
恭順有加念其國統攸歸人心胥屬宜膺寵渥固我
藩籬特遣正使兵科右給事中夏子陽副使行人司
行人王士禎齎詔封爲琉球國中山王仍賜以皮弁

冠服等物凡國中官僚耆舊尚其殫忠輔導協力匡
襄堅事上之小心鞏承先之大業永綏海國共享昇
平惟爾君臣亦世世永孚於休又勑王曰惟爾上世
以來建邦海外代膺封爵長固藩維爾父永恪守王
章小心祗畏忠誠茂著稱我優嘉遽至長終良深悼
惻爾爲冢嗣無忝象賢旣允羣情宜崇位號特茲遣
正使兵科右給事中夏子陽副使行人司行人王士
禎齎勑諭封爾爲琉球國中山王并賜爾及妃冠服
綵幣等物爾宜益虔侯度克紹先猷保乂人民奠安

境土庶幾恢朕有截之化抑亦貽爾無疆之休　三十四年夏子陽等事竣復命王遣王舅毛鳳儀及正議大夫阮國入謝并以二使所却贐金上於朝神宗命來使齎回王附奏洪永間賜閩人三十六姓知書者授大夫長史以爲朝貢之司習海者授通事總爲指南之備今世久人湮文字音語海路更針常至違錯乞依往例更賜事下禮部寢之　三十六年王遣使鄭子孝等十三人入貢宴賚如例　三十八年王遣王舅毛鳳儀長史金應魁急報倭警致緩貢期福

建巡撫陳子貞以聞　四十年浙江總兵官楊崇業奏報倭情言探得日本以三千人入琉球執中山王遷其宗器宜勅海上嚴加訓練而兵部疏言倭入琉球獲中山王則三十七年三月事也世纘圖云浦添孫慶長卽察度王之孫與於日本自薩摩洲舉兵入中山執王及群臣以歸留二年法司鄭迵法司鄭迵字利山嘉靖四十四年入太學夏子陽使錄云法司不用三十六姓今用之自鄭迵始按迵字格橋萬曆七年入太學與迵爲兄弟但鄭迵官至長史爲法司者則迵也今傳寫作鄭廻則尤悞矣迵乃都通事鄭祿第二子迵第三子其長曰達無名廻者不屈被殺王危坐不爲動慶長異

之卒放回王在位三十二年壽五十七歲泰昌元年

薨

尚豐

明天啓元辛酉尚豐即位

尚豐尚永弟尚久之第四子也尚寧卒無世子國人立尚豐萬曆十八年生年三十二歲於天啓元年即位是年改元頒登極詔福建布政司轉命衛指揮蕭崇基齎詔至國三年遣使蔡堅等貢硫磺馬匹請襲封先是定期二年一貢萬曆間國被倭難詔停貢已十年至是以爲言部議本國休

養未久暫擬五年一貢待冊封後另議　五年豐遣
使入謝并乞封典　六年再遣使入貢　七年遣正
議大夫蔡延等入貢宴賚悉如例　崇禎二年豐遣
使入貢再申前請命禮官何如寵復以履險糜費請
令陪臣領封帝不從乃命戸科左給事中杜三策爲
正使行人司司正楊掄爲副使齎詔及儀物往封尚
豐爲琉球國中山王　六年三策等始至國王遣使
人謝　九年遣使入貢宴賚悉如例
中山世鑑云王通諸藝始製陶器以贍國用在位二

十年壽五十一歲崇禎十三年薨

尚賢

明崇禎十四年庚辰尚賢嗣位

尚賢尚豐王第三子天啓五年生十七歲嗣位十七

年遣使金應元入貢請襲會中朝道阻不得歸王在

位七年壽二十三歲順治四年薨

尚質

大清順治五年戊子尚質嗣位

尚質尚賢之弟崇禎二年生年二十一歲嗣位先是

尚賢請封未報使者留閩中至是與通事謝必振等
至江寧投經畧臣洪承疇轉送入京禮部言前朝勅
印未繳未便授封遣通事諭旨　六年賢弟尚質稱
世子遣本國通事周國盛齎表歸誠隨通事入朝
七年遣王舅阿榜琨正議大夫蔡錦等奉貢入賀船
漂沒未達八年
世祖章皇帝令來使周國盛齎勅歸諭世子　十年世
子遣王舅馬宗毅正議大夫蔡祚隆等貢方物繳前
朝勅印請封備言其國王叚勅印隨葬惟尚寧未葬

故卽以寧勅齋徼　十一年又遣官進貢請封賜國王蟒緞二綵緞六藍緞二素緞二閃緞二錦三紬四羅四紗四賜王妃綵緞四閃緞一藍緞二素緞三錦二羅四紗四賞王舅綵緞表裏各四正議大夫綵緞表裏各三藍緞一紬二羅二使者綵緞表裏各二藍緞一紬一羅一紗一通事從人紗緞紬布銀兩各有差遣兵科愛惜喇庫哈番張學禮爲正使行人司行人王垓爲副使賜詔書一道鍍金銀印一顆令二年一貢進貢人數不得過一百五十人許正副使二員

從人十五名入京餘俱留邊聽賞學禮等疏請十事
部議賜一品麟蟒服於欽天監選取天文生一人南
方自擇醫生二人賜儀仗給驛護送外給從人口粮
至福建修造渡海船遴將弁二兵二百人隨行因海
氛未靖還京待命未行
今上御極念遠人延佇日久譴責學禮等卒遣行康熙
二年春
詔勅至國詔仍順治十一年所頒
勅則康熙元年也

勑曰皇帝勑諭琉球國世子尚質爾國慕恩向化遣使

入貢

世祖章皇帝嘉乃抒誠特頒恩賚命使兵科副理官張

學禮等齎捧勑印封爾爲琉球國中山王乃海道未

通滯閩多年致爾使人物故甚多及學禮等奉掣回

京又不將前情奏明該地方督撫諸臣亦不行奏請

迨朕屢旨詰問方悉此情朕念爾國傾心修貢宜加

優䘏乃使臣及地方各官逗留遲悞豈朕柔遠之意

今已將正副使督撫等官分別處治特頒恩賚仍遣

正使張學禮副使王垓令其自贖前罪暫還原職速
送使人歸國一應勑封事宜仍照
世祖章皇帝前旨行朕恐爾國未悉朕意故再降勑諭
俾爾聞知
詔曰帝王祇德應治協於上下靈承於天時則薄海通
道罔不率俾爲藩屏臣朕纘鴻緒奄有中夏聲教
所綏無間遐邇雖炎方荒畧亦不忍遺故遣使招徠
欲俾仁風曁於海澨爾琉球國粤在南徼乃世子尚
質達時識勢祇奉明綸卽令王舅馬宗毅等獻方物

稟正朔抒誠進表繳上舊詔勅印朕甚嘉之故特遣
正使兵科副理官張學禮副使行人司行人王垓齎
捧詔印往封爲琉球國中山王仍賜以文幣等物爾
國官僚及爾氓庶尚其輔乃王飭乃侯度協攄乃藎
守乃忠誠慎乂厥職以凝休祉綿於奕世故茲詔示
咸使聞知賜王印一 緞幣三十 妃緞幣二十 三年
王遣陪臣吳國用金正春奉表謝恩進貢且疏言捧
讀勅諭因臣使物故甚多滯閩日久將正副使併督
撫諸臣處治但中外均屬臣子臣躬承天庥不能少

爲諸臣之報而反重爲諸臣之累臣何人斯豈能宴
然清夜
上命還學禮等原職賜國王蟒緞二綵緞四藍緞二素
緞二閃緞二錦二紬二羅二紗二賞王舅綵緞表裏
各四羅四靴一雙綵緞三紫金大夫綵緞表裏各四
羅三靴一雙使者綵緞表裏各二折鈔布四通事從
人緞布有差　四年中山王遣使進香并賀
登極進貢其貢物有在梅花港口遭風漂溺者奉
旨免其補進　五年補進貢物奉

旨發回又令應進瑪瑙烏木降香木香象牙錫速香丁香檀香黃熟香等十件不係土產免其進貢其硫磺留福建督撫收貯餘所貢方物令督撫差人解送其來使不必賫送到京卽給賞遣回　六年令貢使仍令賫表入覲七年王卒在位二十一年壽四十歲

尚貞

大清康熙八年巳酉尚貞嗣位

尚貞尚質子順治二年生年二十五歲嗣位康熙八年進貢耳目官到京於常貢外加進紅銅及黑漆嵌

螺茶碗照例給賜惟正使不係王舅與副使正議大夫賞同　十年進貢於常貢外加進鬃煙畨紙蕉布其被風飄失貢物免其查議　十三年進貢於常貢外加進紅銅及火爐緜煙　十八年補進十七年貢物除赴京存留官件外其餘員役令先乘原船歸國

十九年遣使進貢奉

諭琉球國進貢方物以後止令貢硫磺海螺殼紅銅其餘不必進貢貢物舊有金銀罐金銀粉匣金銀酒海泥金彩畫屏風泥金扇泥銀扇畫扇蕉布苧布紅花

胡椒蘓木腰刀大刀鎗盔甲馬鞍絲綿螺盤後俱免進外有加貢物無定額熟硫磺一萬二千六百觔海螺殼三千個紅銅三千觔　二十年遣使入貢

上以貞恪共藩職當耿精忠叛亂之際屢獻方物恭順可嘉賜勅褒諭仍賜錦幣五十又於常貢內免其貢馬著爲例　二十一年世子遣耳目官毛見龍正議大夫梁邦翰上言先王尚質於康熙七年告薨貞嫡嗣應襲爵具通國結狀請封禮部議航海道遠應令貢使領封見龍等固請部議執不可

上特允之命翰林院檢討汪楫爲正使內閣中書舍人
林麟焻爲副使楫等疏陳七事一請頒
御筆一請照例
諭祭海神一渡海之期不必專候貢使一請帶修船官
一同渡海一請給關防一請增兵護行一請預支俸
銀奏上
御筆大書中山世土四字賜王特許帶修船匠役隨行
製祭文二道祈報海神并給俸二年以往　二十二
年楫等渡海先行諭祭故王禮

諭祭文曰朕受天景命君臨萬邦殊方海澨罔不賓服凡有恪共藩職累世輸誠則必生加錫命之榮歿隆賻卹之典所以旌揚歸附柔懷荒遠垂爲國憲昭示億年爾琉球國中山王尚質式廓前徽誕膺世祚作藩屏於南海輯圭瑞於中邦浮航貢賮凛遵王享之規踰險求章虔秉朝宗之志方謂河山永固帶礪之胙常存何期霜雪遄零松栢之姿忽謝眷言藩服朕實傷焉爰沛褒綸優加祭卹賜卹銀一百兩潤絹五十疋爻行

冊封禮詔曰朕躬膺天眷統御萬邦聲教誕敷遐邇率
俾粤在荒服悉溥仁恩奕葉承祧并加寵錫爾琉球
國地居炎徼職列藩封中山王世子尚貞屢使來朝
貢獻不懈當閩疆反側海寇陸梁之際篤守臣節恭
順爾昭克殫忠誠深可嘉尚兹以序當纘服奏請嗣
封朕惟世繼爲家國之常經爵命乃朝廷之鉅典特
遣正使翰林院檢討汪楫副使内閣中書舍人加一
級林麟焻齎詔往封爲琉球國中山王爾國臣僚以
及士庶尚其輔乃王慎修德政益勵悃誠翼戴天家

慶延宗祀實惟爾海邦無疆之休故茲詔示咸使聞
知又勅王曰惟爾遠處海隅虔修職貢屬在冢嗣序
應承祧以朝命未膺罔敢專擅恪遵典制奉表請封
朕念爾世守臣節忠誠可嘉特遣正使翰林院檢討
汪楫副使內閣中書舍人加一級林麟焻齎勅封爾
爲琉球國中山王并賜爾及妃文幣等物爾祇承寵
眷懋紹先猷輯和臣民愼固封守用安宗社於苞桑
永作天家之翰屏欽哉毋替朕命賜王蟒緞錦幣三
十疋妃二十疋　二十二年遣法司王舅毛國珍紫

金大夫王明佐等謝封汪楫等回京復爲題請遠人
向化請賜就學奉
旨准令就學　二十五年王遣官生梁成楫蔡文溥阮
維新鄭秉鈞四人入大學附貢使耳日官魏應伯正
議大夫曾夔船桅折傷秉鈞飄至太平山修船　二
十七年始到京
上令照都通事例三人日廩甚優春秋四季賜袍掛衫
褲靴帽被褥俱備從人皆有賜又月給紙筆墨硃銀
乙兩五錢特設教習一人又令博士一員督課　三

十年貢使耳目官溫允傑正議大夫金元達到京國
王請官生歸國賜宴各給賞雲緞紬布等乘傳厚給
遣歸　三十二年王遣耳目官馬廷器正議大夫王
可法等入貢方物宴賚有差　三十四年遣耳目官
翁敬德正議大夫蔡應瑞入貢　三十六年遣耳目
官毛天相正議大夫鄭弘良入貢　三十八年遣耳
目官毛龍圖正議大夫梁邦基入貢　四十年遣耳
目官毛得範正議大夫鄭職良入貢毛得範行至杭
州病卒　四十二年遣耳目官毛興龍正議大夫蔡

應祥入貢　四十四年遣耳目官溫開榮正議大夫蔡肇功入貢　四十六年遣耳目官馬元勳正議大夫程順則入貢　四十八年國中多災宮殿盡焚颱颶頻作人畜多死草木皆枯　遣耳目官向英正議大夫毛文哲入貢是年七月十三日王卒在位四十一年壽六十五歲

尚益

大清康熙四十九年庚寅尚益嗣位

尚益尚貞王世子尚純之子尚純爲世子時先卒尚

益以嫡孫嗣位年三十三歲立　康熙五十年遣耳目官孟命時正議大夫阮維新入貢　五十一年七月十五日王卒立三年未及請封

尚敬

大淸康熙五十二年癸巳尚敬嗣位

尚敬尚益第一子年十四歲康熙五十二年立是年遣耳目官毛九經正議大夫蔡灼入貢灼[illegible]至福州卒　五十四年遣耳目官馬獻功正議大夫阮璋入貢　五十六年遣耳目官夏執中正議大夫蔡溫入

貢且告曾祖尚貞與其父尚益之喪請襲疏云琉球
國中山王世曾孫尚敬謹奏爲請
封襲爵以效愚忠以昭盛典事臣曾祖尚貞於康熙四
十八年七月十三日薨逝臣祖尚純爲世子時早已
棄世臣父尚益未及請封巳於康熙五十一年七月
十五日薨逝念臣小子曾孫承祧然俟服有度不敢
僭稱王業永存循例請襲俾臣拜
綸音於海島砥柱中流膺
誥命於波區雄藩外甸謹遣陪臣耳目官夏執中正議

大夫蔡溫等虔齎奏請伏望
聖恩體循臣曾祖事例乞差天使封襲王爵上光
寵渥之盛典下効恭順之微忱庶藩業得以代代相傳
頂祝
皇恩世世不朽矣　五十七年六月朔遣翰林院檢討
海寶編修徐葆光充正副使往封　五十八年又遣
耳目官向秉乾正議大夫楊聯桂入貢聯桂行至通
州病卒海寶等於五十八年六月朔至國諭祭冊封
諸宴禮皆畢五十九年二月海寶等自琉球還代請

肖生入太學讀書并請給海神天妃春秋祀典皆蒙
准行王遣王舅向龍翼紫金大夫程順則入貢并謝封
貢金鶴盔甲馬鞍等物賜宴賚有差詳載第二卷内

中山傳信錄卷三

中山傳信錄卷第四

琉球星野圖

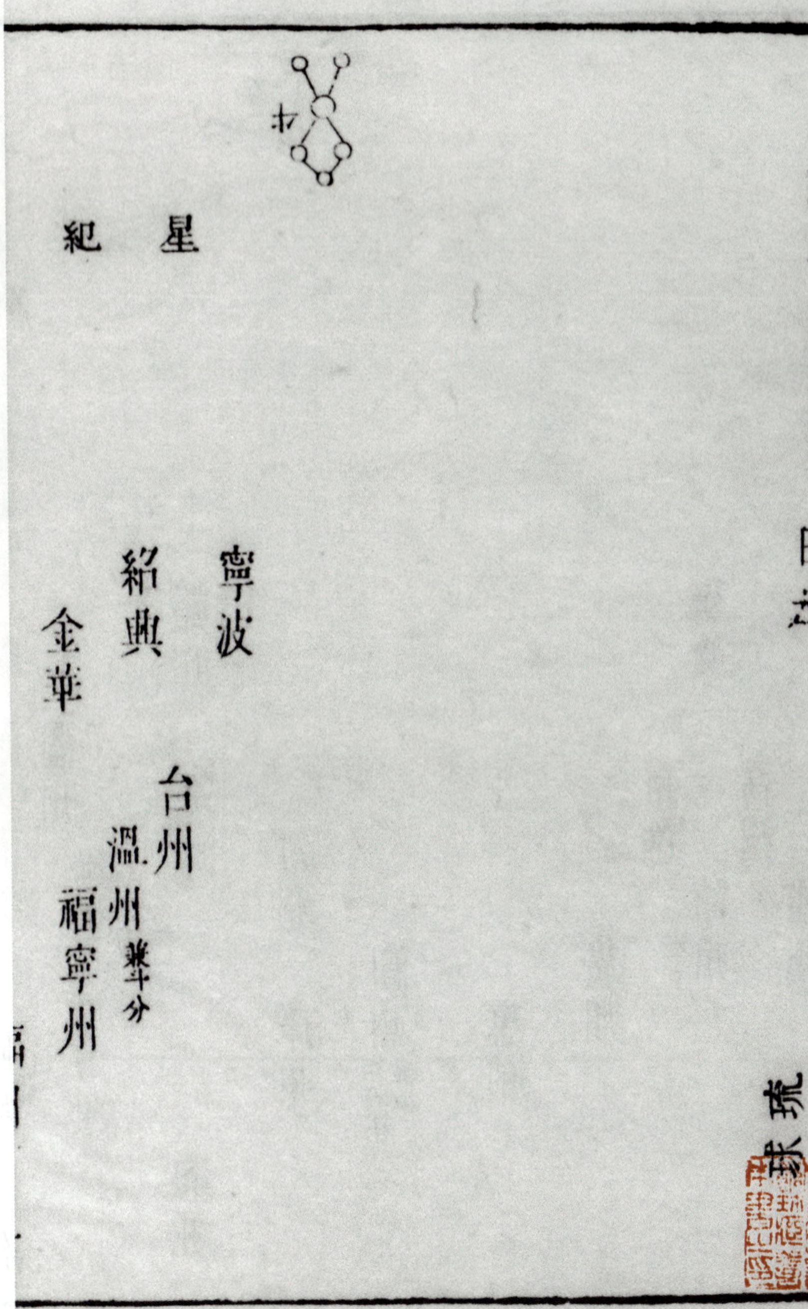

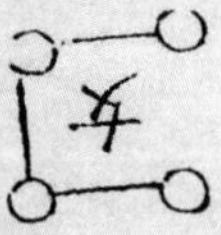

之次

福州　南

衢州　建寧女分不兼牛　興化

延平　泉州

嚴州　邵武

汀州　漳州

潮州牛分不兼女

惠州

廣州

南雄　韶州

肇慶

高州　雷州

瓊州

卷二

中山傳信錄卷第四

冊封琉球國王副使　賜正一品麟蟒服翰林院編修加二級臣徐葆光纂

星野

琉球分野與揚州吳越同屬女牛星紀之次俱在丑
宮臣海寶臣徐葆光奉冊將行
上特遣內廷八品官平安監生豐盛額同往測量舊測
北京北極出地四十度福建北極出地二十六度三
分今測琉球北極出地二十六度二分三釐地勢在
福州正東偏南三里許舊測福建偏度去北極中線

偏東四十六度三十分今測琉球偏度去北極中線偏東五十四度與福州東西相去八度三十分每度二百里推筭徑直海面一千七百里凡船行六十里爲一更自福州至琉球姑米山四十更計二千四百里自琉球姑米囘福州五十更計三千里乃遶南北行里數故少爲紆遠耳向來紀載動稱數萬里皆屬懸揣今逢

皇上天縱推日晷遠近高下以定里數與圖幅員瞭如指掌海外彈丸今見凖的智能量海功媲指南矣

潮

琉球潮候與福建不同率後三辰東西地勢往復自然之理也各洋潮候海船柁工言之皆不同西洋一日一潮率以申漲以寅退是又以一晝夜爲消息矣

潮生潮漲潮退率三辰爲準今畧列表如後

⊙潮生　●潮漲　○潮退

	初一初二福建	十六十七琉球
子		
丑		
寅		
卯		⊙
辰		●
巳	⊙	○
午	●	
未	○	
申		
酉		⊙
戌		●
亥	⊙	○
子	●	
丑	○	

初三初四福建	十八十九琉球	初五初六福建	二十二十一琉球	初七初八福建	二十二二十三琉球	初九初十福建	二十四二十五琉球	十一十二福建	二十六二十七琉球	十三十四福建	二十八二十九琉球	十五福建	三十琉球
⊙							⊙						
●		⊙					●		⊙				
○		●		◎			○		●		⊙		
		○		●		⊙			○		●		⊙
	⊙		⊙	○		●		⊙		⊙	○		●
	●		●		◎	○		●		●		⊙	○
⊙	○		○		●		⊙	○		○		●	
●		⊙			○		●		⊙			○	
○		●		◎			○		●		⊙		
		○		●		⊙			○		●		⊙
	⊙		⊙	○		●		⊙		⊙	○		●
	●		●		◎	○		●		●		⊙	○
	○		○		●			○		○		●	
					○							○	

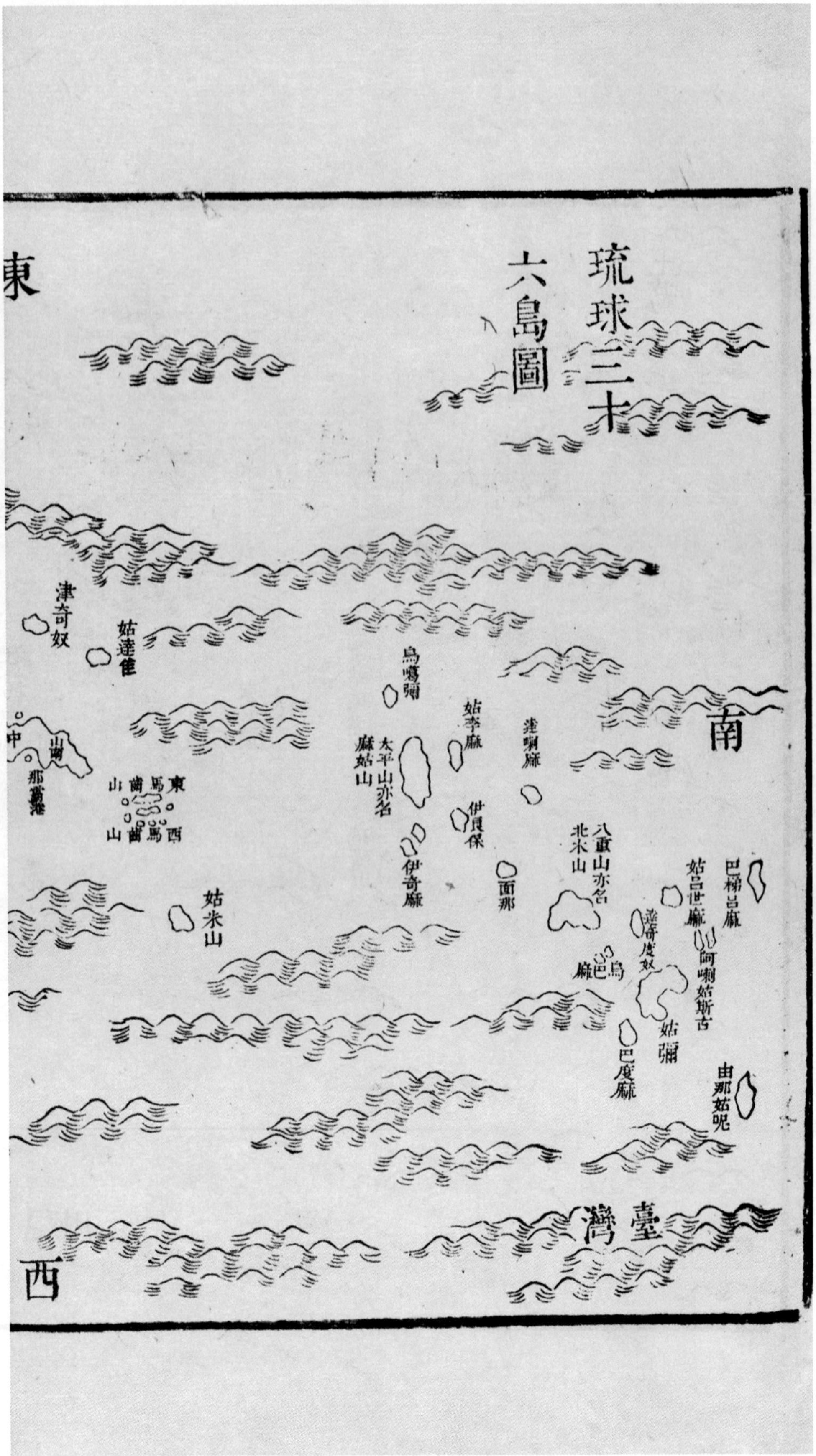
琉球三十六島圖
東
南
西
臺灣
津奇奴
姑達佳
中山
那霸港
東馬齒山
西馬齒山
姑米山
烏噶彌
姑李麻
太平山亦名麻姑山
伊良保
伊奇麻
達喇麻
面那
八重山亦名北木山
姑呂世麻
巴梯呂麻
達奇度奴
阿喇姑斯古
烏巴麻
姑彌
巴度麻
由那姑呢

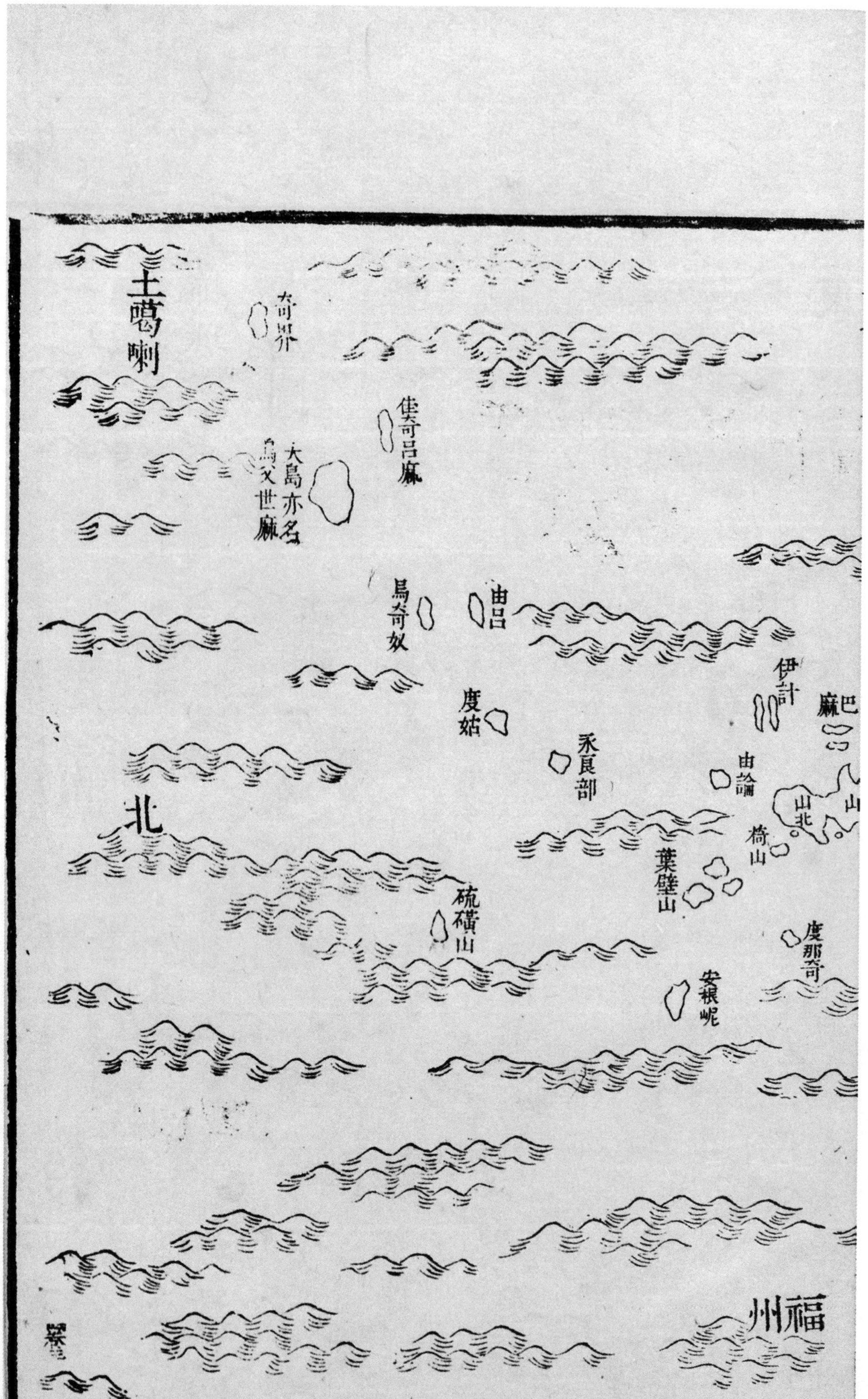
土噶喇
奇界
佳奇呂麻
大島亦名烏父世麻
馬奇奴
由呂
度姑
永良部
伊計
巴麻
由論
椅山
葉壁山
北
硫磺山
度那奇
安根岷
福州

琉球三十六島

琉球屬島三十六水程南北三千里東西六百里遠近環列各島語言惟姑米葉壁與中山爲近餘皆不相通擇其島能中山語者給黃帽令爲酋長又遣黃帽官涖治之名奉行官亦名監撫使歲易人土人稱之曰親雲上聽其獄訟徵其賦税小島各一員馬齒山二員太平山八重山大島各三員惟巴麻（中山讀間字音同麻華言山也下倣此）伊計椅山硫磺山四島不設員諸島無文字皆奉中山國書我

皇上聲教遠布各島漸通中國字購畜中國書籍有能

讀

上諭十六條及能詩者矣

東四島

姑達佳譯爲久高在中山東一百四十五里產赤秔米黄小米海帶菜龍蝦五色魚佳蘓魚佳蘓魚本名黒饅魚大者長八九尺圍尺許割其肉爲腊各島多有產此者艮山多螺石

津奇奴譯爲津堅在中山東三十五里

巴麻譯爲濱島南北二島在中山東三十五里
伊計在中山三十五里以上三島其所產同姑達佳
皆多魚此四島語言頗相近

正西三島

馬齒二山在中山正西一百三十里東馬齒山大小
五島產牛馬粟布文貝螺怪石西馬齒山大小四島
有座間味渡嘉敷等間切西山尤磽瘠罪人多流此
人多黑色善漁能泅水深沒久久乃出山下海中產
海松山人能泅水取之姑達佳津奇奴亦有海松馬

齒產者色久不退爲良產魚螺山多鹿近姑米山有姑巴汎麻山亦多鹿無人居

〔姑米山〕在馬齒山西去中山四百八十里有安河具志川仲里二間切由閩中至國必針取此山爲準封舟行海中第七日有小黑魚點點浮水面接封使臣云此出姑米山下名墨魚山形勢雄拔產五穀及土綿繭紬白紙蠟燭螺魚等物山多雞豚牛馬

西北五島

〔度那奇山〕譯曰渡名喜島近姑米山山多牛

〔安根岻山〕譯曰粟國島又爲安護仁與度那奇倶近姑米語言亦與姑米相類山產鐵樹比他處生者良山多冢

〔椅山〕亦曰椅世麻亦曰伊江島中山北山之間一小石山四圍黃沙潮漲隔半里許水退可徒涉至山上有稻田產黍稷豆麥民頗富饒

〔葉壁山〕土名伊平屋島在中山西北三百里產米最佳亦有麥稷粱豆棉花蕉絲海膽毛魚等物中有一山宛轉如龍尚圓王祖塋所在

硫黃山又名黑島山多鳥亦名鳥島在中山西北三百五十里與姑米山南北相峙山無草木置採硫磺戶四十餘家歲遺米廩食之統二酋長泊府官遥領之其人爲硫磺氣薰灼目皆如手不精明相近有灰堆山尤家埠移山奥

東北八島

由論在中山東北五百里産芭蕉結蕉寔多樫木

永艮部訛爲伊闌埠在中山東北五百五十里屬有

温鎮

度姑譯曰德島在中山東北六百里
由呂在度姑東北三十八里
烏奇奴在度姑東北四十里
佳奇呂麻在中山東北七百七十一里
大島土名烏父世麻在度姑東北去中山八百里水行三日可達其島長一百三十里分七間切有西間切東間切及笠利名瀨屋喜佳用古見等間切分屬二百餘村縣其島無孔廟有四書五經唐詩等書自稱小琉球大酋長十二員小酋一百六十餘員產米

粟麥豆薯木棉芭蕉紅櫻黑櫻櫨子可榨油羅漢松即櫟木桑竹畜有牛馬羊犬猪雞無鵝野獸有山猪兎鳥有鴛鴦鴈鷺鷹野鴨鷺青鳩雀鴉無鵲海鮮有草鱸魚海瓜蟶類菓有櫧子燒酒米肌黑糖蕉鐵等物皆有之有清水山菊花山永明山島北一里許有大石如圓柱廣一里名赤瀨純紫色無人居

奇界亦名鬼界去中山九百里爲琉球東北最遠之界人以手食多黑色產樫木爲良

以上八島國人稱之皆曰烏父世麻此外卽爲土

噶喇亦作度加喇七島矣七島諸島水程遠近見汪記錄以非琉球屬島故不載

南七島

太平山一名麻姑山始爲宮古後爲迷姑今爲麻姑在中山南二千里有筑山甚高土名七姑山上有碧於亭用艮寅針至中山那霸港福建至太平山自東湧開洋至釣魚臺北風用單卯並乙辰針可達山周圍五六十里頗富饒產畜五穀牛馬甚多出棉布麻布草蓆紅酒名太平酒每年五月歸貢稅于中山

伊奇麻譯曰伊喜間在太平山東南

伊良保在太平山西南

姑李麻譯曰古裏間在太平山正西

達喇麻在太平山正西

面那在太平山西南

烏噶彌在太平山西北

以上皆屬太平山國人稱之皆曰太平山

西南九島

八重山一名北木山土名彝師加紀又名爺馬在太

平山西南四十里去中山二千四百里由福建臺灣

彭家山用乙辰針至八重山明洪武中中山王察度始通中朝時二大島來貢于中山卽八重山太平山也山較太平尤饒給多樫木黑木黃木赤木草蓆產牛馬螺石出麻布棉布海參紅酒名密林酒五穀硨磲瑇瑁珊瑚羊肚松紋海芝海松海栢等石每年五六月與太平山來貢于中山

烏巴麻二島譯曰宇波間在八重山西南

巴度麻譯曰波渡間在八重山西南

由那姑呢在八重山西南以上四島皆近臺灣

姑彌在八重山西較他島爲大

達奇度奴譯爲富武在八重山西姑彌東

姑呂世麻譯爲久里島在八重山西少北

阿喇姑斯古譯曰新城在八重山西

巴梯呂麻譯曰波照間在八重山極西北

以上八島俱屬八重山國人稱之皆曰八重山此琉球極西南屬界也

三十六島前錄未見惟張學禮記云賜三十六姓教化三十六島其島名物產則未之及也今從國

王所請示地圖王命紫金大夫程順則爲圖徑丈
有奇東西南北方位畧定然但注三十六島土名
而已其水程之遠近土產之磽瘠有司受事之定
制則俱未詳焉葆光周諮博采絲聯黍合又與中
山人士反覆互定今雖畧見眷準恐舛漏尚多加
詳審定請俟後之君子
臣葆光按舊傳島嶼悞謬甚多前人使錄已多辨
之前明一統志云黿鼊嶼在國西水行一日高華
一作英嶼在國西水行三日今考二嶼則皆無有又

云彭湖島在國西水行五日按彭湖與臺灣泉州相近非琉球屬島也崑山鄭子若曾所著琉球圖一仍其悞且以針路所取彭家山釣魚嶼花瓶嶼雞籠小琉球等山去琉球二三千里者俱位置在姑米山那霸港左近舛謬尤甚太平山遠在國南二千里鄭圖乃移在中山之嶺歡會門之前作一小山尤非是

琉球地圖
中山屬十六○爲記
南山屬十二○爲記
山北屬九□爲記
南
東
西
勝連
具志川
與那城
越來
中城
姑場嶽
西原
浦添
美里
宜野灣
首里
王城
佐敷
知念
具志頭
大里
玉城
東風平
眞和志
南風原
長川
泊
泊津
天久山
龜山
長虹橋
安里橋
七星山
久米
那覇
辻山
波上
砂嶽

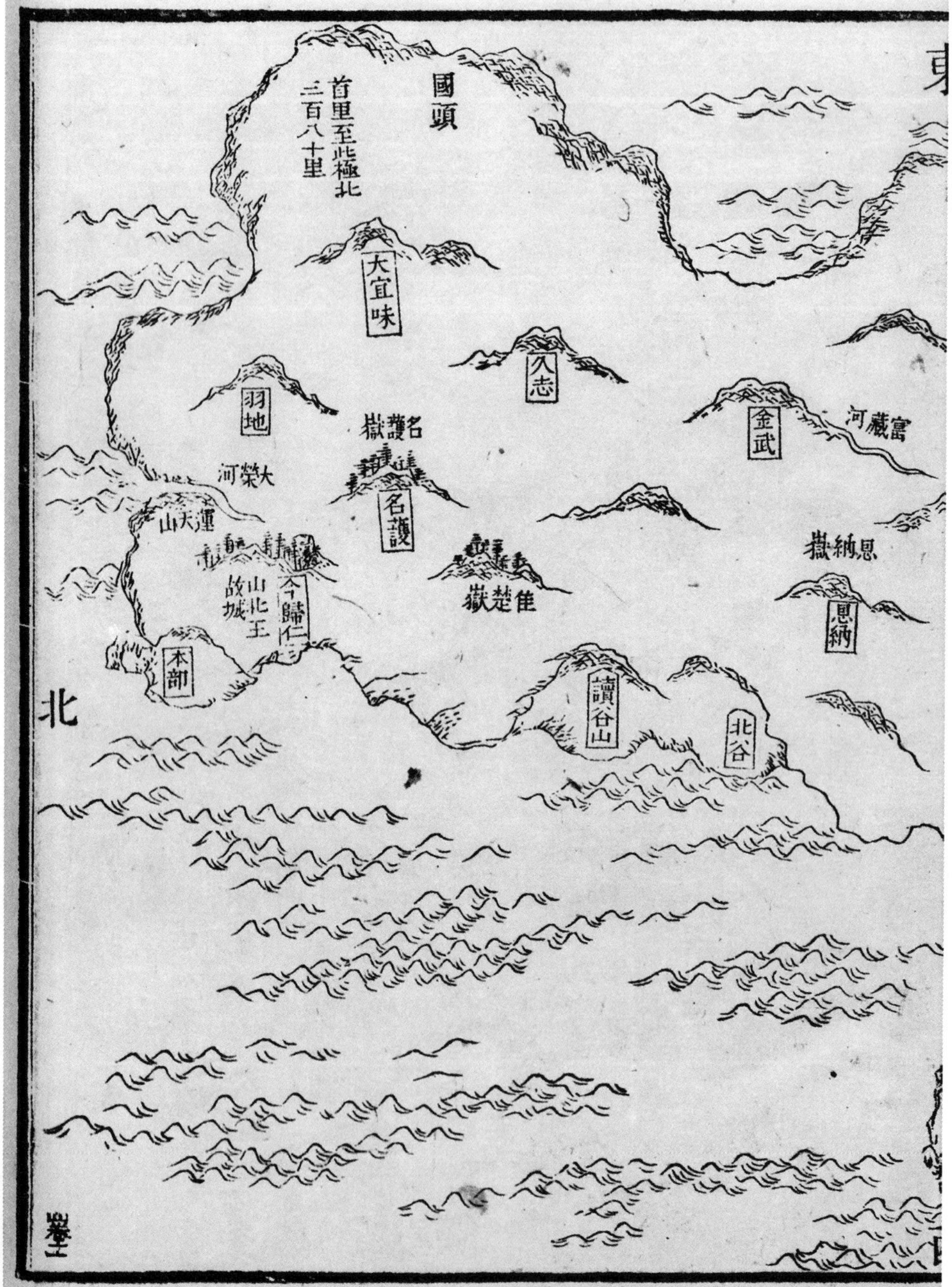
東
北
國頭
首里至此極北三百八十里
大宜味
久志
羽地
名護嶽
名護
金武
宮藏河
大榮河
運天山
今歸仁
山北王故城
本部
佳楚嶽
恩納嶽
恩納
讀谷山
北谷
卷上

琉球地圖

琉球始名流虬（中山世鑑云隋使羽騎尉朱寛至國于萬濤間見地形如虬龍浮水中故名）隋書始見則書流求宋史因之元史曰瑠求明洪武中改琉球國在閩福州正東一千七百里偏南三里其地形東西狹寬處數十里南北長四百四十里自中山首里南至喜屋武邊海緊行一日半北至國頭邊海緊行三日半明永樂以前國分爲三曰中山曰山南曰山北宣德時并爲一分爲三省中山爲中頭省屬府十四山南爲島窟（一作尻）省屬府十二山北

爲國頭省屬府九府土名間切所屬皆稱村頭土名毋喇國中亦有五嶽辨嶽在中山八頭嶽在山南佳楚嶽名護嶽恩納嶽在山北比他山爲高佳楚嶽尤峻爲琉球第一峯云

首里王宮所在不稱間切屬村縣二十一

崎山在王宮東南有崎山山左行爲東苑　金城在王宮西南有金城橋翠巖凌霄亭國丈毛氏家園有泉名奇泉　內金城　新橋在王宮東北有升籌山佐敷殿前王尚益爲世子采地封佐敷故其第稱佐敷殿今爲故宮人所居　赤平在王宮北有石虎山　儀保在朱平村北　西儀保　末吉在王宮北有社壇有龜山有吉泉　山川　新川　殿川　寒川

大中 一鳥堀 汀白尖 赤田 姑場川 桃原 有笠泉 當藏 眞和地 立岸 有萬松嶺茶崎橋觀音亭下有慈眼院

中山省

泊 在首里西五里有泊山有泊橋跨海亦名高橋村前有泊津西流入海 屬村縣二

東境 西境

那霸 在首里西十里 那霸江港口有南北砲臺並峙海門旁有巨石當中流名馬加四闘皆鐵板沙沙堅如鐵其平如板板面嵌空槎牙沿海皆是潮長沙沒舟誤觸無完者故國人恃爲金湯 南北砲臺皆從江口跨入海中礪石築成長堤蜿蜒半里許北砲臺隄中作橋門三以通潮南砲臺隄中有番字石碑一額題曰了攬新森城碑文嘉靖三十三年國王尚清時立餘皆番字石頗剝蝕又有一石上題一梵字下小字云書法華經一石一字二砲臺石工甚整皆于康熙五十五年新修大夫蔡溫有碑文記其修築

始末立北隄上其畧云霸江百川所會與海相通貢船暨西北諸艘往來中山之咽喉也南距饒波北抵泉崎東達宇平板敷近人規小利或聚泥土築田陌川苦其狹變爲涸溝其尤甚者至塞川以爲田爛土泥水流入霸江江將塞矣明君賢相特命向文思等疏濬斯江或播田地以廣其川或除爛泥以深其水宇平板敷等處復通長川順流臨海寺西築石橋三座迎恩亭北構石橋一座渡地村臨江築塘架木橋二座計橋五座垣花村加二橋共木橋三座泉崎橋改修牧志南泒之水決以西注自康熙丁酉五月初五日起至明年閏八月二十日告成或曰臨海寺南石何爲不除文思曰斯石係乎風水且江海颶颱不時若非斯石船隻難泊也康熙五十七年戊戌十二月記　北砲臺堤中臨海寺門外有重修臨海橋舊碑文康熙三十五年丙子立大夫程順則撰文言國王尚貞時補葺舊堤架石爲橋碑陰又云原有四橋一在寺西三在寺東其東西二橋明萬曆間廢塞惟中二橋今修之又云康熙四十八年己丑十月大風

損堤十餘丈癸巳二月失火燒碑今國王命官修堤立碑用舊文爲記不敢沒先造也并記國相向祐以下姓名及工錢數目末云俱用鳩字錢康熙五十二年癸巳五月程順則再識

屬村縣六

東縣　西縣　泉崎　若狹町　辻山　渡地

久米在那霸有東門村　西門村　北門村　南門村亦名大門村舊有普門寺故又名普門地昔洪武中賜閩人三十六姓居之不他徙故名唐營亦稱營中後改爲唐榮

眞和志在首里西五里屬村縣十二

識名山下有神應寺　國場　牧志有日泉相傳見紅日墜地生泉泉上有古松長虹橋七星山皆屬此

天久　松川　與儀　龜田　安里有安里橋先王廟八幡橋八幡

宮　湊川　古波藏有城嶽　仲井間　上間

南風原在首里南七里屬村縣七　宮平　津嘉山舊有玉那霸今并入

內嶺　本部　喜屋武　神里　平川

東風平在首里南廿五里屬中山省地在山南界中屬村縣九　東風平

富盛　志多伯　世名城　友寄　高良　山川

宜壽次　當銘

西原在首里東七里屬村縣十六　幸地　小橋川　安室

桃原　我謝　翁長　平郎　小那霸　棚原　末

吉　石嶺　嘉手刈　小波津　與那城　內間

吳屋

浦添在首里東三十里屬村縣十一　浦添在浦添山　伊祖　牧港

安波茶　澤岻　屋富祖　城間　西原　内

間有尚圓王舊宅王始爲内間里主後避位居于此　勢理客　前田

宜野灣在首里東三十里屬村縣十二　宜野灣沿海皆曬鹽塲　謝名

有金宮崇奉社祭皮王母天女也行其地見石物皆黃金銀父勝連按司遣大夫取此金銀曰此地靈所

也作樓閣金宮　普天間有寺名普間山神宮寺松壽院皆眞言教有天眞泉　新城　具

志川　城田　嘉數　安仁屋　伊佐　喜友名

野嵩　我如古

中城在首里東四十里有姑場嶽此處人物俊秀能詩善書常爲王孫采地屬村縣十九

中城有世子殿國王時往遊　姑場在姑場山下　熱田　當間　島袋　奧間　和宇慶　屋宜　津灞　安谷屋　伊集　渡口　喜舍場　添石　瑞慶覽　新垣　安里　中順　北嘉

北谷亦稱北溪在首里北四十里此府多稻田屬村縣十二

北谷有無漏溪義本王當宋淳祐中溪中惡蛟與暴風雨爲患募童女爲犧祭之宜野灣章氏女貞鶴應募捨身養母孝感天神滅蛟除害王大喜以配王子　濱川　砂邊　野國　野里　玉代勢　屋良　桑江　嘉手納　平安山　伊禮　前

城

讀谷山在首里東六十里　屬村縣十二　讀谷山亦稱座喜味　高志

保　喜名　宜間　渡具知　大灣　伊良皆　渡

慶次　波平　長濱　瀨名霸　根波

勝連在首里東北六十里　屬村縣十　勝連　神谷　比嘉　平

敷屋　平安名　內間　新垣　龜島　濱村　南

原

與那城在首里東北五十里　屬村縣六　仲田　平安座　安勢

理　上原　池宮城　伊計

越來在首里北五十里屬村縣十　越來尚圓王弟宣威采地越來代尚圓立六月
讓位於尚圓子尚眞退老於越來今其子孫世爲越來領主　照屋　安慶田　湖
屋　上地　諸見里　山內　宇慶田　大古迴
中宗根
美里在首里北六十里屬村縣十八　嵩原　高原　恩納亦稱
東恩納以別北山之恩納石川　古謝　伊波　野原　松本
田里　楚南　比屋根　與儀　宮里　知花　池
原　嘉手苅　登川　山城
具志川在首里東六十里屬村縣十五　安里　上江洲　宇

堅　祝嶺　中嶺　天願　高江洲　田場　田崎

安慶名　江洲　□　大田　榮野比　川崎

兼嘉段

以上中山省間切十四久米在那霸不入間切自泊以下至具志川爲十四

山南省

大里在首里南二十里屬村縣十七　與那原　與古田

湧稻國　板良敷　仲程　與那霸　稻福　上

與那原　大城　宮城　古堅　目取眞　島袋

南風原　高宮城　眞境名　當眞

玉城在首里南四十里屬村縣十一　玉城此地有雲城每歲國王祈雨處有玉

泉 中村渠 富里 絲數 垣花 富名腰 前川

當山 和名 奥武 志堅原

豐見城在首里南十五里山南王弟汪應祖故城國中祈雨例在豐見城 屬村縣十七

豐見城 饒波有石火山山下有石火橋水東北流爲饒波 長堂 翁

長 眞玉橋橋有水門五下爲玉湖 盛島 奥平 高嶺 儀

保亦稱宜保 我那霸 渡嘉敷 高安 伊良波 名嘉

地 田頭 保榮茂 嘉數

小祿在首里南二十里 屬村縣十一 小祿在小祿山下 上原 當

間 罕宮城 大嶺在海邊村無他樹皆種呀呾呢成林村南嶺石佳有泉南流入

海南去爲砂川有砂嶽在海中一里許石奇無人居　儀間儀間山在那霸迎恩亭對岸天使館正南山下有垣花村村中多米廩東有樂平泉　湖城　具志　多加良　安次嶺　赤嶺

兼城亦曰金城在首里西南三十里　屬村縣十　兼城　座波　照屋　嘉數　波平　武富　安波根　絲滿在海邊村石甚奇有白金巖　潮平在海邊　志茂田

高嶺土名多嘉嶺在首里西南卅里山南王故城名大里城城下有惠泉又有芳泉有大里橋舊石橋水門三今架木爲之山南子孫那姓高嶺東北有八頭嶽　屬村縣五　大城　眞榮里　國吉有國吉山在高嶺東南　與座　屋姑

佐敷亦稱佐鋪在首里南二十里有蕪姑那嶽屬村縣八 佐敷 新里 小屋比久 手登根 外間 津波古 與那嶺 小谷

知念在首里南三十里屬村縣十 知念 敷名 久手堅 山口 鉢嶺 久高 外間 知名 安座眞 下敷屋

具志頭在首里南三十里屬村縣六 具志頭 波名城 中座 喜納 新城 與座

麻亦作摩文仁在首里南四十里屬村縣五 麻文仁有山名櫻島 米

次石原　松嶺　小渡

眞壁在首里南四十里屬村縣八　眞壁　田島　眞榮平

絲洲　宇榮城　古波藏　新垣　名城

喜屋武在首里南四十里爲國中極南沿海邊土屬村縣五　喜屋武　上

里　福地　山城・東邊名

以上山南省間切十二

山北省

金武在首里東北九十里屬村縣五　金武在金武山山上爲金峯山下有洞有千手院有富藏河二百年前有日秀上人泛海到此時年大豐民謡云神人來兮富藏水清神人遊兮白沙化米日秀上人住波上三年後回北山　宜野座　奥松　漢那　祖

慶

恩納在首里北一百里 屬村縣九 恩納在恩納山亦稱佐渡山 安富祖

名嘉眞 山田 眞榮田 仲泊 古良波 谷

茶 富津喜

名護在首里北一百五十里 屬村縣九 名護在名護嶽山上有萬松院出蘭葉如桂抽箭如蕙攢花如蘭香更烈稱名護蘭有諸喜泉懸瀑崖上 屋部 世富慶 安

和 喜瀨 幸喜 松堂有轟泉 許田有手水旁有手水觀傳昔有客遇一女求水女手水進客飲之故名有許田湖 宮里

久志在首里東北百五十里 屬村縣十一 久志 松田 邊野

古嘉陽　宜作次　瀬嵩　汀間　松濱　田榮

良川田　宇富良

羽地在首里北一百七十里屬村縣六　池城　屋嘉　伊指川

眞喜屋　源河　謝敷

今歸仁在首里北二百里有佳楚山一名宇勝嶽最高為中山第一峯山下有水西南流為大榮川

屬村縣十一　今歸仁山北王故城城内有受劍石山北王素尊一石為神戰敗

以石不佑已砍分為四山北王系絶出山豬　親泊有親川泉戲馬臺村東有獲劍溪山北王有寶

劍名重金丸敗欲自刎劍鈍不入王擲于志慶眞河

百年後流至水漲溪光揷天伊平屋人得之獻中山

王今為王府第一寶劍　謝名　中城　運天亦稱上運天有山北王墓土人呼為

百按司墓有運天山在名護山北山下有運天江
名運天津西流北山舟船泊此津山下多稻田　崎
山　玉城　平敷　仲宗根　呉我有我部鹽屋昔于此地作鹽
天底林木最茂不見日月　我部
本部在首里北三百里　屬村縣七　伊野波　浦崎　渡久知
崎濱　瀨底　伊豆味　謝花
大宜味在首里東北三百里　屬村縣五　屋嘉比　喜如嘉
田湊　根路銘　津波
國頭在首里東北三百十里尚元王病國頭按司馬順德祈代死果死王疾有瘳至今其子孫世蔭爲國頭領主　屬村縣四　國頭　邊土名　伊地　宇郎

以上山北省間切九

琉球舊無地圖前使錄云周圍可五六千里東西長南北狹皆意揣也葆光咨訪五六月又與大夫蔡温遍遊中山山南諸勝登高四眺東西皆見海本國里數皆以中國十里爲一里今皆以中國里數定之乃南北長四百四十里東西狹無過數十里而已再三討論始定此圖備錄三十七間切下諸縣村名如右或更有悞以俟再考云

紀遊

中山山嶽寺院及遊者惟首里那霸數處畧記
如後

臨海寺在北砲臺長隄之中爲國王祈報所門東向
佛堂面南三楹面東板閣一間石垣四周潮至牆下
僧名盛滿寺舊名定海前使汪有臨海寺隸書扁有
鐘天順三年鑄

奥山龍渡寺在砲臺西水中小土山潮至瀰漫數十
里潮退則平沙淺水不勝舟楫山舊爲蛇窟僧心海
始闢之蛇相率渡水避去築堤截潮引泉種松搆屋

五六楹前方沼中小亭二所遍地植佛桑鳳尾蕉等頗可憩玩山東有小尖阜名鶴頭山潮至板敷宇平等湖漁舟夕照爲那霸延所第一勝處

辻山在臨海寺西對港相望辻字一字兩音國人讀爲失汁山汪記譌爲靑芝山小石阜沿海下皆塋墓

波上在辻山東北一名石筍崖山下海中生石芝沿海多浮石嵌空玲瓏白色山頭石垣四周垣後可望海垣內板閣離立三楹扃鑰無僧下有平堂三楹波上東北沿海中有山名雪崎下有洞雪崎東北有小

石山空洞名龜山海灘拳石二非末吉之龜山也

護國寺在波上山坡之中國王祈禱所僧名賴盛汪使有匾曰護國寺舊名安禪寺亦名海山寺亦名三光院佛龕中有神手劍而坐名曰不動或曰火神也殿下有鐘景泰七年丙子鑄銘文與天妃宮同西面庭中蕉石扶疎頗有致

天尊廟在護國寺下供玉皇有鐘爲景泰七年丙子九月二十二日鑄銘文與天妃宮同

廣嚴寺在天尊廟下左右皆村居佛宇數椽庭中剪

檜及黃楊爲玩係新建

西福寺在泉崎橋之東曲徑中門前黃楊夾路作屏兩行剪剔使平而方數十步許僧舍一區屋後有松岡甚茂松根出土蜿蜒如龍相近有東壽寺門前亦以黃楊作屏

東禪寺在久米東北圓覺寺下院也相近有清泰寺皆止三四楹小寺也那霸惟此二寺及廣嚴寺係禪僧餘俱眞言教

善興寺在使館曲巷中倚山崇基汪錄云斗室丈階

花木頗清幽今已廢有屋一椽而已宣德中冊使柴山三到琉球嘗建大安禪寺千佛閣明夏子陽錄中載其記二篇今皆莫知其處護國寺舊名安禪寺或即所建問國人皆不知

以上在那霸

天久山在泊村西北沿海與波上雪崎相望下有聖現寺石牆四圍方十餘畝中屋一區牆外老松十餘株有天久洞洞前觀音閣一座扃鑰無僧沿海東行大石離立或方或圓側倚層巖之上下作崖洞頗奇更里許有水西流入海名泊津

神德寺在崇元寺東由八幡橋石橋西北行有八幡宮南向尚德王所建供八幡菩薩卽大士也下爲神德寺寺門東向中供不動神與護國寺同

以上在泊村

城嶽一名靈嶽汪使舊錄云有板屋一區今已盡廢惟叢灌一林密篠攢蕉以石爲神澆酒祈福渡海報賽處前古松數百株亭立前地少窪四山皆松東三十餘步有泉名虬泉從石溜出注潭中涓涓不絕泉上老松三株偃挺尤奇東望有壺家山瓦屋數區爲

國中陶處

以上在眞和志

東苑在崎山王宫以南一帶石山皆名崎山石狀甚奇苑門西向入門茵草遍地板亭南面二間更進有屋三間面南屋上有潮音應世匾額爲天啓五年詔使指揮同知蕭崇基所書亭東土阜一丘形如覆盂頗高竦汪録云是雩壇吏進少屈南下西轉山巖下有石獅石虎尚存激溜養魚處皆已廢撤南面皆山南平田東行登小板閣即望仙閣也匾已失去葆光

爲重書之閣中有小龕以香木爲柱氣如桂皮作薄板刻空作字大小參差閣後有小佛堂匾名能仁堂南面出佛堂東過小竹橋登阜正東見林木叢茂爲佐敷中隔海港少西見小山林木鬱然卽辨嶽也南北望皆見海中山之東屬烏姑達佳譯爲久高前使汪楫爲國王題東苑匾今已失去題東苑八景有久高朝旭識名積翠等八景此爲國苑制甚簡朴云

龜山在末吉村土稱末吉山山在中山之北重岡環繞山半有木亭前後二楹南望見海林木鬱然爲第

一勝處山下有萬壽寺寺中有察度王舊影萬曆三十八年燬今再燬未吉有社壇

圓覺寺在王宮之北久慶門外國王本宗香火所在規模宏敞爲諸寺之冠寺門西向門前方沼數畝四圍林木攢鬱沼中種蓮中有一亭有觀蓮橋供辨才天女名天女堂池名圓鑑池亦名辨才天池辨才天女云卽中國斗姥也架橋通之名天女橋更西有龍潭橋亦名龍淵橋入寺佛殿七間極高麗殿右廣庭中有古松云已二百餘年高不四五尺靑葱疋茂名

有松嶺亦名神木香積廚後有井泉名石泠泉方丈前名蓬萊庭鐘樓南有雜華園國人稱圓覺寺中有八景寺係尚眞王時始建寺前土阜上有碑弘治十一年立三山許天錫撰其文曰大琉球東南海島之國自昔不通中華勝國初嘗招諭不至洪惟我太祖高皇帝應天啓運混一區宇薄海內外罔不臣服於時率先入貢顯被優寵別於他邦永樂初始受冊封王爵百餘年來修貢彌慎弘治丁巳秋國大夫程璉長史梁能通事陳義奉今尚眞王命朝貢於京師竣事道三山謁翰林庶吉士許天錫曰球陽有邦歷世遠矣惟今王大有令德思輯用光常遵舊典請以陪臣之子入太學得一聞天朝仁義禮樂之化以壯國體試言其槩國尅擇舊有書王以正朔請尊之因叅用大統曆法先世深居固衛以貳其下王惟推誠□□躬巡境內跋履窮僻恒省

其税賦遇孤寒輙貸出給之民咸戴𢘉王寬仁不嗜殺亦未嘗曲法以輕貸人猶能謹於□士伏創圓覺禪寺規模宏敞儀物備至以爲祝禱之塲王每遊豫必與民同實國之瓌觀也兹欲勒石於寺是以彰王德賜之以言某曰如子之説則王之賢誠可謂奮遠特立於百世之上者矣乃爲之歌辭俾昭示於後裔詞曰球陽有國繫於禅海弗庭於華奚啻千載惟我皇祖仁厚萬方幸先慕義來享來王聖教漸加十有餘世風清氣回儲祥發祉蝺生賢王適號尚眞離羣絶類舍舊圖新簡刑省罰恤孤振乏春行秋巡厚下安宅上熙下怡二十有餘祀崇德厚澤川流岡峙有美大人薄言孔昭我作詩章庸代歌謠大明弘治十一年歲次戊午八月十二日臣

程璉鄭玖梁能陳義稽首謹立

〔天王寺〕在圓覺寺東北門前臨溪有古松四株寺東有天王橋堂上佛龕供佛手持七星輪及刄曰金剛

也堂西老松最奇一鐘爲景泰七年丙子鑄上刻天龍寺鐘寺在浦添寺鐘有二移其一于此僧名得髓

天界寺在歡會門外道南寺門北向入寺西南石室高丈許方廣中山王瑩也尚圓以來諸王皆瘞于此寺有鐘成化巳丑年鑄考銘文本相國寺鐘也銘曰琉球國君世高王乘大願力新鑄巨鐘寄捨相國寺說偈以銘是祝王基之萬歲安國利民聖天子繼唐虞之化全文偃武賢宰相霈霖雨之秋茲有巨鐘新鑄就高樓掛肅萬機心無端扣起羣生夢天上人間妙法音皆成化巳丑十月七日住持溪隱　寺西又有安國寺國中案牘皆諸此寺中

仙江院在天王寺之右前使汪錄云行菴榛中門戶蕭然僧宗實能詩頗學元僧白雲集體今宗實尚存年六十九改字際外稱球陽大和尚

萬松院今改名蓮華院在天王寺之南剪黃楊作徑兩旁籬屏頗整寺中方庭中有小土山剪松樹數株蟠屈有致汪使舊錄稱萬松院僧不羈與天王寺僧瘦梅及宗實相倡和今瘦梅不羈皆化去不羈徒二人一曰德叟今在蓮華院一曰元仁字東峯別開院于北山名護嶽上仍名萬松院年五十餘亦能詩

興禪寺在圓覺寺北小徑中寺甚小庭中黄楊松桂甚多僧了道舊時圓覺寺國師喝三之徒能詩

廣德寺在蓮華院之南寺亦甚小花木頗麗東望山椒林麓鬱然如深山僧名靈源弟子名笑岩相近有

建善寺有僧蘭田能詩

石虎山天慶院僧梁天名智津亦能詩山在赤平村

萬歲嶺在萬松嶺東大道之北石碑立阜上其文畧曰茲嶺以萬歲爲名蓋取嵩呼之義以作中山都會尚真君上命於天俾爲斯記大明弘治丁巳仲秋吉

臣奉詔扶桑散人楞不材謹記

以上在首里

中山傳信錄卷第五

官表

秩	爵	勳	官	職
正一品	元侯	柱國	特晉封祿大夫　封祿大夫	總宗正　王相
從一品	郡侯　邑侯		永祿大夫從　永祿大夫	總觀察　左宗正　左虞衡
正二品	郡伯　邑伯	正卿	隆德大夫　秉憲大夫	天曹法司　地曹法司　人曹法司　大美殿總理　內治宮總理
從二品		亞卿	隆勳大夫嘉　親奉大夫	度支正　右宗正　右虞衡　副觀察　儲傳亞卿　書院供奉　法宮侍直　官殿副理　紫金大夫　三乘寺尹
正三品		總尹	宣詢大夫　正議大夫	司賓耳目官　典賓耳目官　司刑耳目官　曾泊耳目官
從三品			進顯大夫	加銜謁者
正四品		庶尹	精繹大夫　中議大夫	謁者贊議　度支贊議
從四品			官侯大夫	各司同正　各所督正　監撫使　宮尹　殿尹　端尹　家令
正五品		協尹	奉宣大夫	長史司　宣納過閣理
從五品			供直大夫	過閣理贊　主翰侍史　典書內史　長醫師　贊善

	秩	官	職
總虞衙	正六品	承直郎	儀衛使　使者　都通事　才府使　審理大使　主事　圉師
三平等奉	從六品	從務郎　敘德郎	主稿外史　典簿聽奏簿　東苑監　和義令　寶貨館守　軍器監　倉庾使　鷹把式　雜長加銜
內藝宮總理　儲傅正卿	正七品	承事郎	綜器內司　帖茗內司　掌翰侍史　官舍使　副通事　筆帖式　侯府家贊　司曆通事
理梵凡正　各司督正　元侯家傅	從七品	從職郎　敘功郎	灑掃內司　掌翰史　貼苑監　貼醫師　法司家贊　承應官　各倉大使　和義美送　雜長
同知度支正	正八品	內使郎	贊司大使　法贊度支使　書院贊度支從　潮府贊度內使
	從八品	內使佐郎	貼翰侍史　議政堂筆帖　宗府筆帖
那霸官堂	正九品	登仕郎	點班使　大筆帖　通事　使贊
三平等步尹　那霸官右堂	從九品	登仕佐郎	理問　業纓　各筆帖　小筆帖　膳夫　首里大使
供奉過關理	未入流		司花內使　內使宮生　秀才　若秀才　若筆帖　小筆帖

經歷　二

凡上朝照品立不論職凡在任照職坐不論品凡職官上下兼攝相通不拘品級如有功績者陞授上銜無一定之格

中山傳信錄卷第五

冊封琉球國王副使　賜正一品麟蟒服翰林院編修加二級臣徐葆光纂

官制

官制品級畧彷中國分爲正從九等大僚重職亦有加官協理大小官皆領地方爲采地王弟王叔國相皆稱某地王子領一府者稱某地按司舊制每府一按司涖治之權重兵爭尚眞王改制令衆居首里遥領其地歲遣察侍紀官一員知其府事歲終上其成於按司王舅法司及紫巾官稱某地親方三品以下黃帽官皆稱某地親雲上未有地方者稱某里之子親雲上或

稱某筑登之親雲上從六品敘德郎從七品敘功郎皆稱某掟親雲上八品紅帽官稱某里之子領地方者稱某地里主九品紅帽官稱筑登之未入流稱某子皆不稱姓名也具列如左

國相一員正一品王叔有才畧者任之

元矦正一品王子弟膺此封

郡矦邑矦從一品元矦子孫膺此封　有功者加晉爵元矦品同

法司三員正二品王舅勳戚任之天曹司禮地曹司

農人曹司元輪值王宮大事集議上之國相　加
銜法司品同
紫巾官從二品或郡伯或邑伯散秩大臣爲亞卿無
定員亦有加法司銜者
耳目官四員正三品司賓耳目官土名御鎖側一員典賓
耳目官土名御雙紙庫理一員司刑耳目官土名平等側一員
管泊耳目官土名治地頭一員皆預議政事皆稱謁者
土名申口衆加銜謁者土名申口座從三品無定員職掌
贊議官正四品佐謁者度支官議諸政事

那霸官二員從四品左堂首里人右堂那霸人爲之

分掌錢穀

察侍紀官國人讀爲座敷讀察侍紀三字音如座敷也下倣此從四品無定員

侍直王宮分理諸職

遏闥理官國人讀爲當職十二員國書院遏闥理官三員皆

正五品入直王宮加銜遏闥理官從五品無定員

承直郎儀衛使土名勢頭九員正六品掌王儀仗及扈從

徒屬　又有叙德郎土名加勢頭從六品吏員授此銜

承務郎從六品　承事郎土名牌金　里之子親雲上正

七品　又有從職郎從七品儒士授此銜

敘功郎土名捉牌金　吏員授此銜　筑登之親雲上從七品

內使郎土名察度奴示譯爲里之子　正八品亦稱賛度內使輪班供王宮內役　下

內使佐郎土名里之子座　從八品

登仕郎土名筑登之　點班使九員掌朝儀行列正九品

登仕佐郎土名筑登之座　從九品

首里泊村那霸三府人出身名筑登之如久米之秀才也其胥錢穀米薪雜職之人皆稱庫官大者

察侍紀官下至筆者若筆者俱爲之

以上皆首里泊那霸本國之人任其職

久米協理府官凡六等

紫金大夫一員從二品加協理法司銜名總理唐榮司轄久米村事爲最尊主朝貢禮儀往復文移諸事

正議大夫正三品　加謁者亦名申口座從三品

中議大夫正四品皆無定員

長史二員正五品或四品隨紫金大夫同知諸事

都通事從四品　加遏闥理副通事從五品　副通事正七品皆無定員專司朝貢有留福建福州琉球館者名存留通事

以上皆久米府秀才出身者任其職

職官員額

國相府　家傳紫巾亞卿一員以下稱曰攝政下大親官　家令察

侍紀官三員　家贊三員　掌翰史一員

法司　三司家贊各三員

謁者耳目官　司賓一員屬官贊司大使一員　典

寶一員　司刑一員　晉泊一員　屬晉泊筆帖
一員　贊議官五員　議政堂主稿外史一員
掌筆帖六員　貼筆帖三員
度支官　度支正紫巾亞卿一員　同知度支正二
員　贊議官三員　典簿廳主簿一員　核省廳
核減二員　羨餘所大使二員　掌筆帖十員
王法宮　侍直紫巾亞卿無定員　侍直察侍紀官
無定員　宣納遏闥理官十二員　贊度內使十
二員　司花內司十二員　內使官生十二員

九引官　奉引儀衛使九員　奉引點班使九員

內宮　總理宮事法司正卿一員　副理宮事紫巾

亞卿二員　宮尹察侍紀三員

近習　中涓舍人三員不拘品級

內厨　烹調膳夫一員

國書院　供奉紫巾亞卿三員　過闔理官三員

過闔理贊二員　主翰侍史一員　掌翰侍史三

員　貼翰侍史三員以上三項侍史土稱右筆有正副貼三項　典茗

內司三員　貼茗內司三員　綜器內司一員

灑掃內司三員　賫度內使十二員　司花內司六員　內使官生六員

典膳所　和羹令三員　和羹丞三員　大使二員　大筆帖一員　小筆帖一員

調祿所　大使二員　大筆帖一員　小筆帖一員　烹調膳夫三員

宴器局　大使一員　掌筆帖一員

良醫所　良醫師六員　貼醫師二員

貯藥局　大筆帖二員　小筆帖二員

宗正府　總宗正元侯一員　左宗正郡侯一員
右宗正紫巾亞卿一員　經歷三員　掌筆帖三
員
賦稅司　督正賦稅紫巾亞卿一員　同正賦稅勸
農使三員　大使三員　掌筆帖六員
覈實司　覈實督正紫巾亞卿一員　覈實同正察
侍紀二員　大使六員　掌筆帖九員
典樂所　典樂正察侍紀一員　掌筆帖一員
造金局　督工察侍紀一員　掌筆帖一員

承運左庫　大使二員　掌筆帖二員　驗金法馬使一員

承運右庫　大使二員　掌筆帖一員

廣豐倉　大使二員　掌筆帖二員

典廐署　圉師一員　掌筆帖一員

大美殿　總理殿事法司正卿一員　副理殿事紫巾亞卿二員　殿尹察侍紀一員

內懿宮　總理宮事法司正卿一員　副理宮事紫巾亞卿三員　宮尹察侍紀三員

世子府　儲傳法司正卿一員以下稱爲世子下大親官　儲傳紫
巾亞卿三員　端尹察侍紀四員　贊善六員
掌翰侍史二員　贊度內使三員　內使官生三
員　鷹把式一員
世孫府　儲傳法司正卿一員　儲傳紫巾亞卿三
員　端尹察侍紀四員　贊善六員　掌翰侍史
二員　贊度內使三員　內使官生三員　圉師
一員
元矦府　家傳紫巾亞卿一員　家令察侍紀三員

家贊三員　掌翰史一員

進爵元矦府　家令察侍紀一員　家贊二員

東苑監　監令一員　貼監一員

寅賓館　館守一員

虞衡司　總虞衡元矦一員　左虞衡郡矦一員

右虞衡紫巾亞卿一員　副虞衡察侍紀三員

掌筆帖三員

觀察司　總觀察郡矦一員　副觀察紫巾亞卿一

員　掌筆帖一員

首里三平等各鄉分廵察官　眞平等左大尹郡侯一員　右大尹紫巾亞卿一員　少尹察侍紀四員　南平等左大尹郡侯一員　右大尹紫巾亞卿一員　少尹察侍紀四員　西平等左大尹郡侯一員　右大尹紫巾亞卿一員　少尹察侍紀四員

理梵司　理梵正紫巾亞卿一員　理梵副察侍紀二員　掌筆帖二員、

綜石局　督工察侍紀一員　掌筆帖一員

鐵冶局　督工察侍紀一員　掌筆帖一員

司窑局　督工察侍紀一員　掌筆帖三員

嵌螺局　督工察侍紀一員　掌筆帖二員

貯材局　督工察侍紀一員　掌筆帖二員

工正所　督工察侍紀一員　大使一員　掌筆帖

二員

審理所　大使三員　掌筆帖三員

中山徵課使　主事一員　掌筆帖五員　山南山

北古米山徵課使員同

協理府一紫金大夫一員　正議大夫中議大夫皆
無定員　長史二員　屬官大筆帖一員　都通
事副通事皆無定員　司曆通事一員　筆帖式
一員　講解師一員　訓詁師一員皆不拘品級
通事　秀才　若秀才等皆無定員
那霸官　左堂贊議官一員　右堂察侍紀一員
大筆帖一員　小筆帖一員　理問所理問四員
承應所承應一員　業轡所業轡一員
武備司　軍器監一員　掌筆帖一員

彌世公館　大使三員　掌筆帖三員　若筆帖六員　烹調膳夫一員

董舟所　大使二員　大筆帖一員　小筆帖一員

那霸庫　大使一員　大筆帖一員　小筆帖一員

麻姑倉　大使二員　掌筆帖二員

轉運所　大使二員　掌筆帖三員

糖園　主事一員　大使二員　掌筆帖二員

奉監司　麻姑山監撫使一員　監撫掌筆帖二員

八重山監撫使一員　監撫掌筆帖二員　各府

各島監撫不拘品級

祝長　七社神樂祝七員　神歌長一員　神歌協長三員　巫覡長二員

各郡土官　協尹治土泰一員　首里大使一員

麻姑山土官　頭目比郎㰁一員　芝茂治一員

烏路嘉一員　首里大使五員

八重山土官　頭目彝師加紀一員　烏巴麻一員

彌椰㰁一員　首里大使四員

臣葆光案舊錄官制舛畧汪錄頗正其訛而未備

今從蔡大夫温得其品秩大概程大夫順則示以
官制其進啓云中山設官分職已非一日恭逢
聖天子聲教誕敷本國官爵敢不仰遵翻正因照原銜
首定秩勛次列官職大小臣工盡由資格冠簪服
色畫一不刊論名則同而異列品則異而同總以
符舊制諧正音雖班爵實尊王也其書表列條晰
彬彬可觀但立國建官文武並重今按儀衛使武
備司外武職太略軍制兵仗亦未詳載當俟後續
攷備列云

冠服

國王側翅烏紗帽盤金朱纓龍頭金簪蟒袍帶用犀角白玉皆如前明賜衣制王妃鳳頭金簪宮人亦分爲五等約百人命婦頭簪皆視其夫品秩

正一品以下帽八等簪四等帶四等具列如左

正一品　從
金簪
彩織緞帽
錦帶
緋色袍

正二品　從
金簪（正二品）金花銀柄簪（從二品）
紫綾帽（有功者賜彩織緞帽）
龍蟠黃帶（有功者賜錦帶）
深青色袍（下至八九品朝服皆同）

正三品　從
銀簪
黃綾帽
龍蟠黃帶

正從四品	簪帽袍同三品 龍蟠紅帶
正從五品	簪帽袍三品同 雜色花帶
正從六七品	簪袍同三品 黃絹帽 帶同五品
正從八九品	簪袍同三品 大紅縐紗帽 帶同五品
雜職	簪袍同三品 紅絹帽 帶同五品
里保長	銅簪 藍袍 紅布帽或綵布帽
蔭官生	簪帽服帶俱同八品

外有青布帽百姓頭目戴之

凡官員外衣長過身大帶束之腰間提起三四寸令寛博以便懷納諸物紙夾烟袋皆自貯胸次以時取用大僚幼童無不皆爾賤役執事則反結其袖于脊上幼童衣袖脅下令穿露三四寸許年長剃頂中髮即縫屬之僧衣兩脅下皆穿其他皆連衽無隙漏處首里人衣年小者皆用大紅爲裏外五色紬錦亦反覆兩面着之官員紬緞作衣諸色不禁每製一衣須大緞三丈五六尺其費殆倍于中國云

女人外衣與男無别襟皆無帶名之曰衾披身上左

右手曳襟以行前使錄云男婦皆無裏衣今貴官裏衣亦有如中國者　女衣貴家衣襟上卽本色細紗作鱗比五層狀男衣無是　女比甲背後下垂處或作燕尾形

寢衣比身加長其半有袖及領厚絮擁之國人呼衣曰衾此則衾又如衣也

各色錦帽錦帶本國皆無之閩中店戶另織市與之

本國惟蕉布則家家有機無女不能織者出首里者文采尤佳自用不以交易也

王帽

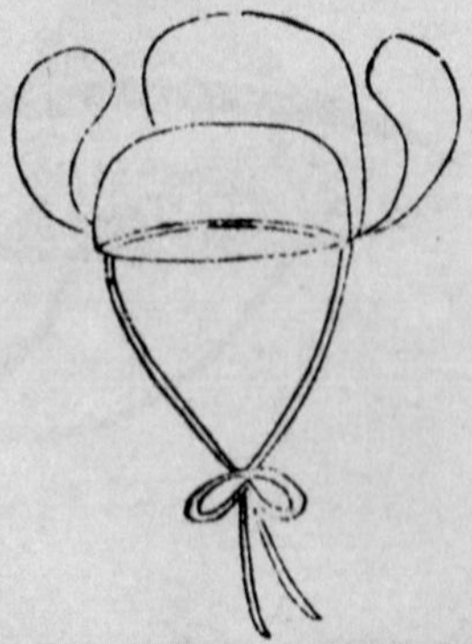

官民帽

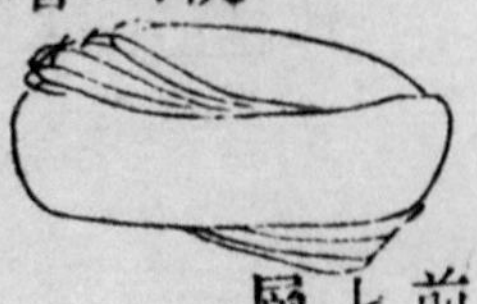

國王烏紗帽雙翅側衝上向盤金朱纓結垂頷下三四寸許蓋前所賜舊制也云有皮弁爲朝祭之服而未之見

帽糊紙爲骨帕蒙之式如僧毘盧帽中空無頂絹方幅覆髻之半尸互交前簷着額處鱗次七層後簷十二層彩織帽以下紫最貴黃次之紅又次之中又以花素爲等別青綠帽爲下

片帽

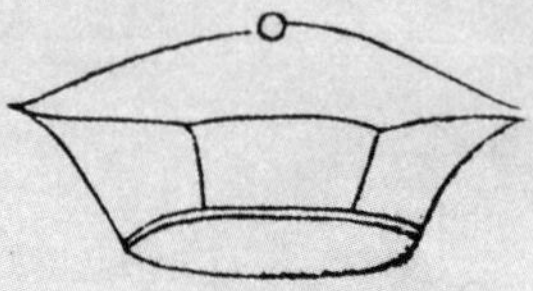

笠

片帽皆以黑色縐爲之漫頂下簷作六稜寔特家居帽醫官樂工及執王宮茶灌之役剃髮如僧者皆戴之

笠多以麥莖爲之亦有皮笠外加黑漆而朱其裏

短簪

長簪

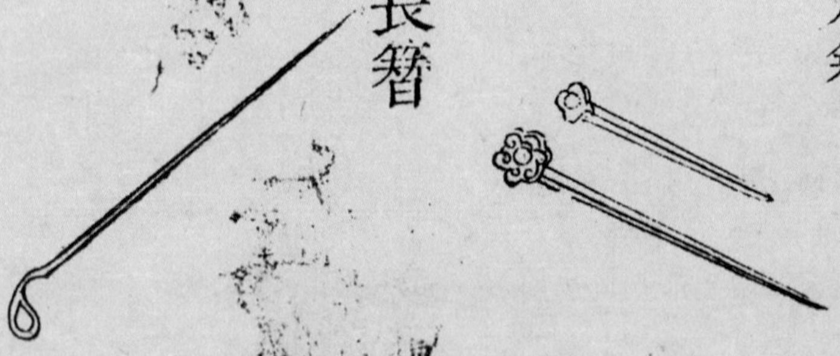

短髻簪長三四寸許已冠去頂中髮者簪之花頭圓柱亦有方柱六稜柱金最貴金頭銀柱次之銀又次之銅爲下

長簪長尺餘婦人幼童大髻者簪之亦以金銀三品分貴賤民家女簪皆以玳瑁

衣

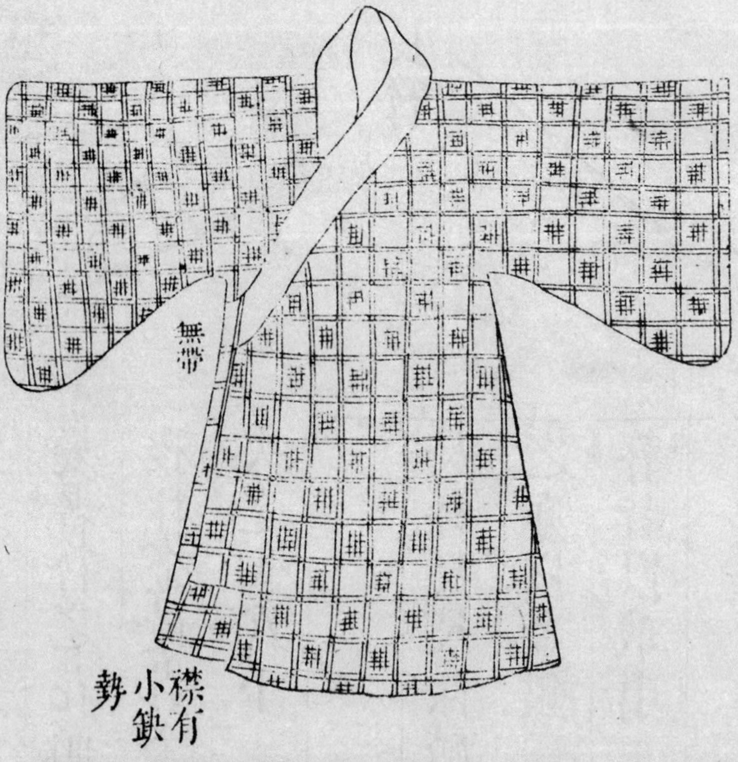

衣皆寬博無後交衽袖大二三尺長不過手指右襟末作缺勢無衣帶多以蕉布蕉葛爲之綦文間采男女衣皆同呼之曰衾

帶

大帶長一丈四五尺寬六七寸蟠腰間三四圍雜花錦地爲貴大花錦帶次之龍蟠黃地紅地者又次之下者皆雜色花帶

襪

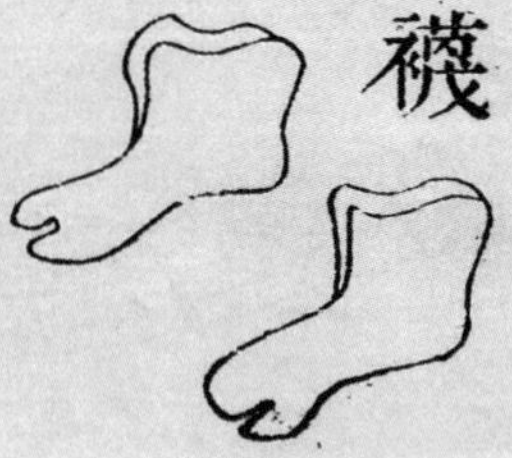

靸

或布或革襪短及踝以上向外中線開口交繫之近足指處別作一竇栖將指以着草靸中

靸以細席草編成前有一繩界大指之間踵曳以行男女皆着之

儀從

國相開棍二人刀二人鎗二人旗二人共五十人緞紬傘板輿二人肩外用倭緞銅釘内加彩繪轎式與竹轎皆同

法司王舅紅開棍二人紅板二人眞倭刀二人眞倭鎗二人鎗上有大紅呢旗長一尺寬二寸許竹輿二人肩下同

紫金大夫紅開棍二人紅板二人假長倭鎗二人眞倭刀二人

正議中議大夫紅開棍二人紅板二人假長倭鎗二人以木爲之上方下圓

法司以下平日皆用綠地印花布傘今見每人皆用有花雨傘各一人前踏鳴金一人

坐褥

一品紅褐心青褐邊襯紅氈

二品青布心紅布邊襯紅氈

三品青布面襯紅氈

四品五品俱藍布面襯白氈

六品以下不用坐褥惟用氈條

氏族

首里四大姓向翁毛馬向氏卽國王尚姓之別族少遠則稱向以別之故世世不與王家通婚姻其本國人與王家婚姻者惟翁毛馬三家世爲王舅法司今現爲法司者三人馬獻圖翁自道向聖廣國丈毛邦秀今王尚敬之外祖王妃則馬氏也世系俱未詳俟續考列譜

久米三十六姓皆洪永兩朝所賜閩人至萬曆中存者止蔡鄭梁金林五姓萬曆三十五年續賜者阮毛兩姓每姓子孫皆不甚繁衍餘寄籍起家貴顯者多有然非賜姓之舊也今閱九姓世譜中多讀書國學

及充歷年貢使之人故并列其字爵以備考焉

蔡氏原福建泉州府晉江縣人按明史實錄成化五年長史蔡璟入貢自言其祖南安縣人宋端明學士襄之後十二世共八十一人

一世　二世　三世　四世　五世

始祖崇 升亭 端明六世孫

譽 馨亭 長史
讓 盛亭 通事
瀼 考亭 通事
清 鏡亭 通事

璇 楓亭 都通事
璟 輝亭 長史 成化三年貢使
璋 肇亭 長史

賓 玉亭 成化十七年入太學 長史
寶 蘊亭 都通事
實 其亭 都通事

進 益亭 通事 正德五年入太學
遷 喬亭 長史 正德十三年貢使
遂 淵亭 通事

五世

遷（四世寶長子）

六世

澄（意亭　通事）

瀚（文亭　正議大夫　嘉靖九年貢使）

浩（乾亭　嘉靖二年入太學）

七世

朝俊（彥亭　通事）

朝用（權亭　嘉靖二十九年入太學　長使）

朝慶（兆亭　都通事）

朝器（顯亭　正議大夫　萬曆四年貢使）

朝輔（亮亭　秀才）

朝傑（華亭　通事）

朝信（任亭　長史）

八世

烜（肖亭　都通事）

九世

堅（念亭　天啟三年貢使　紫金大夫）

九世　十世　十一世　十二世

- 堅（八世烜長子）
  - 邦俊（道亭　通事）
  - 彬（適菴　正議大夫）
    - 灼（子華　正議大夫　康熙五十二年貢使）
    - 炳（子星　通事）
      - 壎（都通事）
      - 垣（通事）
    - 燿（子南　秀才）

十一世　十二世

- 灼（十世彬第二子）
  - 培（通事）
- 燿（十世彬第三子）
  - 埔（通事）
  - 垣（通事）

二世	三世	四世	五世	六世
始祖崇第二子 濬	齊 思亭都通事			
崇第三子 譽	曦 嶢亭長史嘉靖二十二年貢使			
崇第四子 清	国保 厚亭通事	明 禮亭都通事	模 仰亭通事	
			栢 勁亭長史	廸 吉亭都通事
			權 平亭通事	
			樟 實亭都通事	

中山傳信録卷五　十九

五世 六世 七世

四世寶第三子 邃

- 廷會 禮亭正議大夫嘉靖二十六年貢使
  - 燫 燿亭嘉靖四十年入太學都通事
- 廷美 璞亭嘉靖二年入太學長使
  - 煥 堯亭通事
- 廷貴 親亭通事
  - 常 心亭萬曆七年入太學

七世 八世 九世 十世 十一世

- 七世：朝用（六世瀚第三子）
  - 八世：延（思江 正議大夫 天啟七年貢使）
    - 九世：國器（鴻臚 紫金大夫）
      - 十世：應瑞（獻臣 正議大夫 康熙三十四年貢使）
        - 十一世：文河（天津 都通事）
        - 十一世：文漢（天水 都通事）
        - 十一世：文溥（天章 康熙戊辰入太學 正議大夫）
        - 十一世：文湘（天方 秀才）
        - 十一世：文海（天振 通事）
      - 十世：應祥（雲臣 正議大夫 康熙四十二年貢使）
        - 十一世：泓（有秋 秀才）
        - 十一世：瀛（有登 秀才）
        - 十一世：績（咸熙 通事）
    - 九世：國材（輔建 都通事）

十一世　十二世　十三世

文溥（十世應瑞長子）
　其楝（邦用　遵事）
　　功熙（法亮）

文漢（十世應瑞第二子）
　宏模（克定　秀才）
　宏訓（克保　秀才）

文河（十世應瑞第四子）
　光祖（惟愨）
　光宗（惟朝）
　光榮（惟恂）

七世　八世　九世　十世　十一世

朝輔（六世瀚第四子）— 奎（雕亭　長史）— 錦（榮亭　正議大夫　順治七年貢使）— 鐸（天將　紫金大夫）
- 淵（潛菴　中議大夫）
- 溫（文若　康熙五十六年貢使　紫金大夫）

朝俊（六世瀚第五子）— 善

十一世　　十二世

十世鐸長子 淵

桐 子鳳 秀才

棓 濟川 秀才

十一世　　十二世

十世應祥弟三子 績

元鳳 君儀 秀才

元龍 君雲 秀才

元麟 君瑞 秀才

鄭氏原福建福州府長樂縣八十三世共五十七人

一世　始祖義才　元橋　長史

二世　長　升橋　通事　｜　智　明橋　通事

三世　傑　峻橋　通事　｜　彬　適橋　通事

四世　玖　光橋　正議大夫　弘治九年十三年貢使　｜　文生　約橋　通事　｜　文質　均橋　通事

五世　準　光橋　秀才　｜　規　圓橋　秀才　｜　矩　方橋　通事　｜　繩　直橋　正議大夫　嘉靖四年七年貢使

五世　六世　七世　八世　九世

規　四世玖長子

昊　興橋都巡事

榮　光橋巡事

禮　東橋正議大夫萬曆十九年貢使

達　景橋那霸官

祐　次橋長史萬曆十年貢使

祿　式橋都巡事

迴　利山嘉靖四十四年入太學久米人爲法司者惟迴

週　格橋萬曆七年入太學長史

禧　御橋都巡事

準　玖第三子

富　貴橋嘉靖二年入大學

九世　十世　十一世　十二世　十三世

- 八世祿第二子 **達**
  - 子孝 紫橋正議大夫萬曆三十六年貢使
    - 宗善 及橋正議大夫
      - 明良 長橋正議大夫康熙四十年貢使
      - 弘良 基橋康熙三十六年貢使紫金大夫
        - 秉哲 秀才
        - 秉德 秀才
        - 秉均 師橋康熙戊辰入太學折桅死
        - 秉彝 都通事
        - 秉鐸 秀才
      - 世良 恭橋秀才
    - 繼善 述橋都通事

五世 六世 七世 八世 九世

- 五世 繩（玖第四子）
  - 六世 元（心圓，通事）
    - 七世 宗（伯寮，通事）
    - 七世 憲（心春，正議大夫，嘉靖四十二年貢使）
      - 八世 俊（眞德，正議大夫）
        - 九世 藝（心湖，通事）

九世 十世 十一世 十二世 十三世

- 九世 藝（八世俊長子）
  - 十世 大器（心阜，秀才）
    - 十一世 永昌（心徹，秀才）
    - 十一世 永安（巨鎮，紫金大夫）
      - 十二世 天麟（世瑞，通事）
        - 十三世 廷極（君都，通事）
        - 十三世 廷楨（廷楨，秀才）

八世　九世　十世

- 禮（榮第三子）
  - 逅（行橋正議大夫）
    - 宗（尊橋都通事）
  - 廸（憲橋萬曆七年入太學都通事）
  - 道（敬橋正議大夫）
    - 子樂（纘橋都通事）
- 禧（榮第四子）
  - 儀男（威橋通事）
    - 德（崇橋通事）
  - 思存（誠橋通事）
    - 賢（希橋通事）

十二世

十三世

宗善第二子　明良

國柱　廷材　通事

國楝　任木　通事

國楨　廷幹　通事

十二世

十三世

宗善第三子　世良

秉和　秀才

梁氏原福建福州府長樂縣人十世共六十九人

一世 二世 三世 四世 五世

始祖嵩 子江長史

仁 字克

傑 字江都通事

顯 環峯正議大夫嘉靖二十四年二十八年貢使

基 字江都通事

賢 貴江通事

五世　四世顯長子　基

六世　濟民　深江通事
惠民　清江秀才
澤民　恩江長史

七世　應材　紹江正議大夫

八世　邦翰　豔江正議大夫康熙二十一年貢使
邦基　本寧正議大夫康熙三十八年貢使

九世　堅　通事
成楫　得遠康熙戊辰入太學都通事
鏞　得聲都通事
津　得濟通事
烱　得照通事
增　秀才

八世　九世

邦基（七世應材第三子）
　鼎（廷器　秀才）

九世　十世

鏞（八世邦翰長子）
　琮　珍　琴

九世　十世

成楫（八世邦翰第三子）
　煌　烈

九世　十世

烱（八世邦翰第四子）

經（通事）

綸

梁氏世系未考者四十五人

通事湘　通事復

通事扺　長史回（景泰元年貢使）

通事密祁　長史求保

通事振　通事德仲

通事袖　通事琦

長史實

正議大夫應成化十八年貢使

正議大夫德弘治五年七年貢使

通事信

通事正

正議大夫能正德六年貢使

通事澤順

秀才淵

正議大夫寛

都通事裕

秀才珀

通事敏

秀才洪

通事廣

通事俊

正議大夫椿嘉靖十三年貢使

秀才貴

秀才實

中山傳信録卷五

通事瓚　通事瀚

秀才瑞　通事仕

秀才敬　長史梓（嘉靖二年入太學十九年貢使）

正議大夫炫（嘉靖十五年入太學三十二年貢使）

秀才明　秀才棟

正議大夫碩（嘉靖三十四年貢使）　正議大夫灼（嘉靖四十四年貢使萬曆十一年貢使）

官生焌（嘉靖四十四年入大學）　官生炤（嘉靖四十四年入太學）

通事壁　通事熉

正議大夫燦（萬曆九年貢使）　通事順

金氏原福建口口人十一世共三十三人

一世 二世 三世 四世 五世

始祖瑛 度光 通事
鏘 常清 通事
壁 益基 都通事
章 弘恭 僉人
良 翠江 正議大夫 嘉靖三年 正德十五年貢使
鼎 調羹 通事
昇 一第 都通事

五世 六世 七世 八世 九世

四世良長子
昇
仕歷 龍江 正議大夫
應魁 文江 長史
應斗 明江 正議大夫
應元 耀江 正議大夫 崇禎十三年貢使
正華 麗江 都通事
如華 紹江 秀才
世璵 隆江 通事

九世　十世

世琠 八世正華第二子 —— 璋 伯書 秀才

七世　八世　九世　十世　十一世

應斗 八世仕鏊長子 —— 庭輝 長江正議大夫 —— 守約 玉江中議大夫 —— 溥 浩然都通事 —— 聯 廷蟬 秀才；職 廷述 通事；聲 廷宣 通事；聰 廷逵 秀才；聘 廷晉 秀才

七世　八世　九世　十世

應魁（六世仕歷第二子）

- 思敬（瑞江　秀才）
- 正春（錦江　康熙三年謝封使紫金大夫）
  - 元達（德江　正議大夫）
    - 秉忠（惠江　秀才）
    - 震（承華　都通事）
  - 元邈（萬江　都通事）
  - 元遴（承生　通事）
  - 元邃（穆升　通事）

九世　十世　十二世

元邃（八世正春第四子）

- 簡（承裕　秀才）
  - 巃（秀才）

林氏原福建福州府閩縣林浦人十二世共二十一人

一世　二世　三世　四世　五世

始祖喜　祉上　通事

昌　蕘爾　通事
茂　永春　通事
英　仙芝都　通事

（茂）
榮　將芬　通事
喬　國宜都　通事

（榮）
盛　成柱　正議大夫
華　可章　秀才

（喬）
椿　木春　通事
達　從政　通事

（盛）
世昌　順慶　通事
世泰　長芸　秀才
世茂　日芳　通事

五世　六世　七世　八世　九世

四世盛第二子　世昌

璋　耀晃都　通事
璉　玉璉　通事

國用　振亭　正議大夫

喬棟　瑞亭　通事

茂盛　錦菴　正議大夫

九世　十世　十一世　十二世

八世喬林長子茂盛——謙自牧通事——天材秀豐秀才——永隆天龍通事

阮氏原福建漳州府龍溪縣人五世共十七人

一世　二世　三世　四世　五世

始祖國我華正議大夫萬曆三十四年謝封使——士元德一都通事

士元——起鳳鳴岡都通事事

士元——起龍從雲正議大夫

起鳳——廷嘉子吉都通事

起鳳——廷章聖哉都通事

起龍——維華允協通事

起龍——維德台先都通事

廷嘉——璋章玉正議大夫康熙五十四年貢使

廷嘉——玠介玉都通事

維新 天受康熙戊辰入太學康熙五十三年貢使紫金大夫

則北 子岳秀才

五世 六世

四世廷嘉長子 璋 —— 皋邁 黎懷秀才

四世 五世

三世翅鳳第二子 廷章 —— 繼南 小咸秀才

四世 五世

爲模 君龍秀才

三世起龍第二子　維華

為標　君錦　通事

為棟　君輔　秀才

毛氏原福建漳州府龍溪縣人，五世共十八人

一世　二世　三世　四世　五世

始祖國鼎　擎台　正議大夫

世顯　文光　都通事

文英　在茲　都通事

文彩　鳳翼　秀才

文善　體仁　正議大夫

文哲　理齋　正議大夫　康熙四十八年貢使

士達　子明　都通事

士豐　子獬　都通事

士弘　子毅　秀才

士順　子孝　秀才

如茂　松亭　秀才

如德　峻亭　通事

如苞　筠亭　秀才

三世　四世

文英（二世世顯第五子）
- 日章（闇菴　通事）
- 日新（銘菴　通事）
- 日盛（誠菴　秀才）

三世　四世

文哲（二世世顯第七子）
- 世安（山公　通事）
- 世定（秀才）

取士

國中人入仕官者惟首里泊那霸久米四村之人餘皆村戸其畧識國字者爲酋長曰掟土名山巴歸奉文檄調遣村民任徭役其次爲保長曰作事者土名山劈姑皆任下役戴青綠帽終身爲之不升遷也

首里泊那霸三村民曰仁也仕官子弟未仕呼爲子子剃頂髮陞筑登之即登仕郎次名筑登之座爲登仕佐郎又有名大筆者副筆者大官筆者如中國之筆貼式又有名若筆者如中國之官生佐理村縣大

小諸事未入仕其入仕者授地爲筑登之親雲上以漸升遷至察侍紀官

此爲平民子弟入仕之始

世官子弟呼爲里之子蓋言公子也土名察度奴示（土音讀察度二字如里字奴字如之字示字如子字）年小者爲内使■郎名里之子口供内役親侍從年過十五至十八剃頂中髮易小髻即不復入授地爲里之子親雲上以漸升至親方

此爲宦家子弟入仕之始

久米村皆三十六姓閩中賜籍之家其子弟之秀者年十五六歲取三四人爲秀才其十三四不及選者名若秀才讀書識字其秀才每年於十二月試之出四書題令作詩一首或八句或四句能者籍名升爲副通事由此漸升至紫金大夫紫金大夫亦稱曰親方此爲久米子弟入仕之始

采地　祿

王叔王孫勲舊大臣皆授一府或二府爲采地大夫以下有功者三十六姓世襲者皆授一縣爲采地初

賜者世其祿長子承受其自致爵位所授采地官已即除歲收其地所出三分之二如田一頃出米一百石耕夫收五十石祿主收五十石祿主五十石內有公費雜派等一十餘石除此外實收三十餘石約當三分之二也雞豕薪樵之數以米石多少爲準以時取之其采地之人來受役者視官秩爲多寡國相法司十六人紫金大夫十一人紫巾官十人黃帽官四人紅帽官二人皆月更

國相采地一府（或二府）祿六百石有功者加七八九百

至千石止世襲嗣子及孫賜祿三百石采地一府至
曾孫量功爲差
法司采地一府祿四百石例世祿嗣子及孫賜祿八
十石采地一府至曾孫量功爲差
國舅采地一府或一縣祿八十石或百石二百石皆量
功賜之世祿視功之大小賜祿采地及子孫
紫巾官采地一府或一縣祿三十石或四十五十至八
十石止皆視功之大小賜之世祿量功爲差
司賓耳目官采地亦一府祿八十石典寶司刑管泊

耳目官並度支正度支同知皆四十石贊議官皆俸支給一十六石

那霸官采地一縣祿八十石

遏闔理官俸支給十石

以上首里泊那霸本國職官采地祿俸之數

紫金大夫采地一邑祿五十石或八十石或百二十石皆視功之大小賜之世祿賜嗣子采地祿五十石或四十石至孫量功爲差（明季有紫金大夫蔡堅者祿三百石賜嗣子一百石康熙癸卯年以後減爲五十石孫四十石今曾孫三十石）

正議大夫采地一縣祿二十石或三十石量功爲差

未賜祿者歲俸支給一十二石

中議大夫采地一縣歲俸支給一十石

長史采地一縣祿二十石

都通事俸支給八石或有采地或無采地

副通事俸支給五石

通事俸支給四石

秀才俸支給二石原有三石康熙癸亥年以後裁減爲一石

若秀才一石原有二石癸亥年以後裁減爲一石久米子弟自七歲爲若秀才即有俸首里

那霸子弟仕至庫官始
有俸下此皆無俸也

以上久米村唐營職官俸祿之數

耳目官以下大小官員有功者世祿采地傳及子孫
皆量功爲差

土田

土田皆於九月十月耕種五月收穫畢各官分賜采
地皆親至其地視耕視穫有職官或子弟督之十月
十一月緣秧皆出水科秧分藝大雨時行雷震發生
蚯蚓鳴氣候如春北風間作亦不甚凛冽十一月下

旬遣加謁者一員察侍紀官二員分廵各村勸農月餘始歸六月中大颶屢作海雨横飛果實皆落歳以爲常非收穫早畢必多扳禾之患故其國秋耕冬種春耘夏收者一就雨澤之利一避颱颶之害經年溫燠理宜兩熟而六月後皆曠田不事者以此

曆

曆奉正朔貢使至京必候十月朔頒曆賫回及至國已踰半年故國人設司曆通事官秩七品豫推算造曆應用曆面書云琉球國司曆官謹奉教令印造選

日通書權行國中以候

天朝頒賜官曆共得凛遵一王正朔是千萬億年尊王

歸化之義也

禮儀

冬至元旦國王皮弁執珪先拜歲德隨歲德所在之方向之拜乃

北向遙賀

皇上萬萬歲三跪九叩禮畢始登殿受百官賀禮如明

制就班一揖跪三拜興一揖跪又三拜興又一揖禮

畢皆用樂　明夏子陽使錄云元旦行禮後各官易

常服王亦衣寬博錦衣戴五色錦帽坐閣二層衆官
跪階下唱太平曲舉者按拍和歌尊者捧觴爲壽王
亦等級賜之酒

每月十五日久米大夫以下朝

王賜茶酒本國諸臣則止賜茶

上元國王登殿受賀禮同元旦

皇上萬壽聖誕王率陪臣北向祝如元旦禮

國王誕日登殿受賀禮如上元各官升遷俱于此日

計功定爵

辨嶽行香國王登位受封皆親祭每年正月五月九

月國王齋戒舉行祭山海及護國神或遣官行禮辨嶽之神名祝祝乃天孫氏第二女也神牆四周叢木尤攢密小門內拒南向門外木亭二所左傍有小石塔及石燈案左右各五入門內石磴北屈而東數十階級至頂無所有石爐上炷香數十枝而已此爲祭本山神處　木亭前平地方廣南向見海東南方有一石爐炷香爲祭海神處　國中凡叢木蒙密短垣四周有小門內拒者皆名嶽如中國土地之神村村皆有之

崇元寺先王廟春秋二祭或親祭或遣官三日齋禁

俱用天孫太平歌歌祖宗功德神靈歷世綿遠之意

圓覺寺本宗香火有時祭有月祭名蘭盆祭三日齋忌辰

有特祭朔望獻茶　天王寺天界寺禮同

先王廟神主昭穆圖

十五昭　尚益

十四昭　尚貞

十三昭　尚豐

十二昭　尚永

歷代有功王叔

十一昭　尚清

十昭　宣威

九昭　尚圓

八昭　尚泰久

七昭　尚思達

六昭　尚巴志

五昭　武寧

四昭　西威

三昭　英慈

昭二　英祖

昭一　舜馬順熙

○舜天

穆一　義本

穆二　大成

穆三　玉城

穆四　察度

穆五　思紹

穆六　尚忠

穆七　尚金福

穆八　尚德

穆九　尚眞

穆十　尚元

穆十一　尚寧

穆十二　尚賢

穆十三　尚質

穆十四　尚純

先代王妃

前使汪楫中山沿革志前圖序次少紊今考正之
諸皆稱神主惟寧豐賢質四主稱尊靈又加稱其
字寧曰康翁豐曰宗盛賢曰秀英質曰直高

圓覺寺右廡神主圖

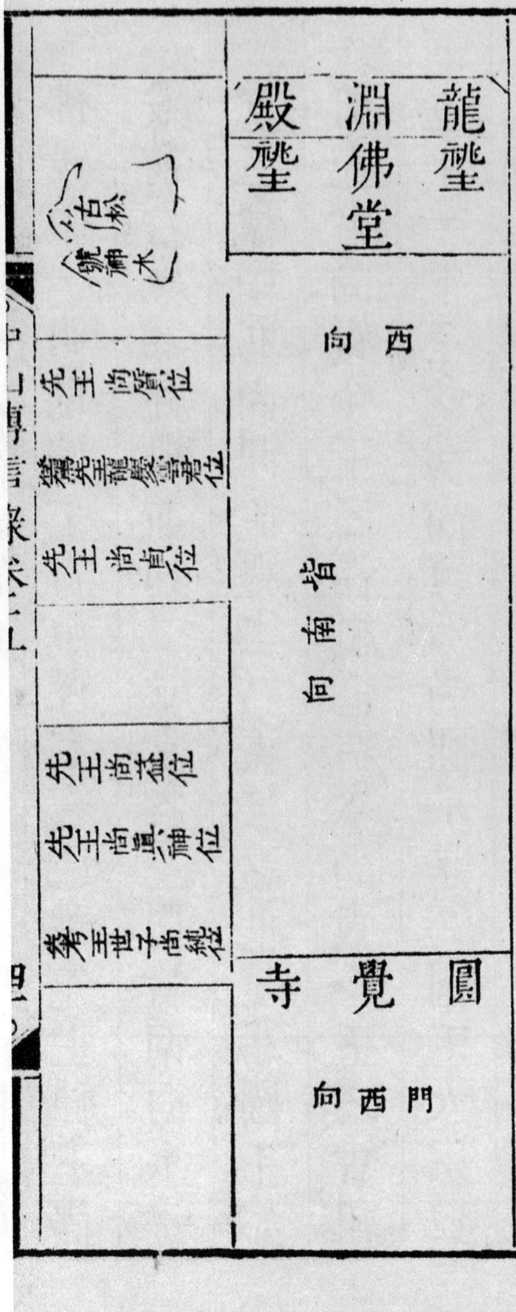

佛殿中一間供佛左右如夾室藏已祧先王神主佛殿前右廡爲神殿並列二堂堂各三間皆南向上一堂三龕中爲尚圓龍慶雲君蓋其謚也是爲國王始祖左龕尚質今王之高祖也右龕尚貞今王之曾祖也下一堂三龕爲尚眞乃尚圓子是爲國王太宗與始祖尚圓皆爲不祧之主故皆居正中一龕左龕尚益今王之父也右龕尚純今王之祖也父反居左祖反居右者昭穆位定不嫌同尊也　天王寺內亦有神主佛殿南向三間中供佛左一間神主二一書歸

奠尚稷神位乃始祖尚圓之父也一書歸奠尚久神
位尚久乃尚豐王之父尚元第三子也二人皆王父
未爲王故另奉于此旁二主爲王妃右一間四主俱
王妃也　天界寺內有尚懿神主乃尚寧王之父寺
中皆女主供王妃及王姊妹出嫁有家祠者亦得祔
世子尚益卒始葬後神主在世子府男女各官孝服
每日哭臨百日後移主天界寺男女亦每日燒香帛
迨除服三年遷祔後內人不得與祭列矣以前先王
禮皆如此

聖廟春秋二祭康熙五十八年正月紫金大夫程順則啓請祭孔子用大牢祭啓聖公用少牢其爵帛粢盛籩豆之數具圖載之其祭品本國所無者皆以土產代之祭期前三日與祭者皆齋戒前一日演禮省牲丁日王遣紫金大夫丑時祭啓聖祠遣法司官寅時祭聖廟皆行三跪九叩首飲福受胙禮是年二月始行此禮自此以前以紫金大夫或長史官爲主祭行八拜禮不行飲福受胙禮惟焚楮不用帛又無齋戒省牲禮似太簡故啓請今禮如儀

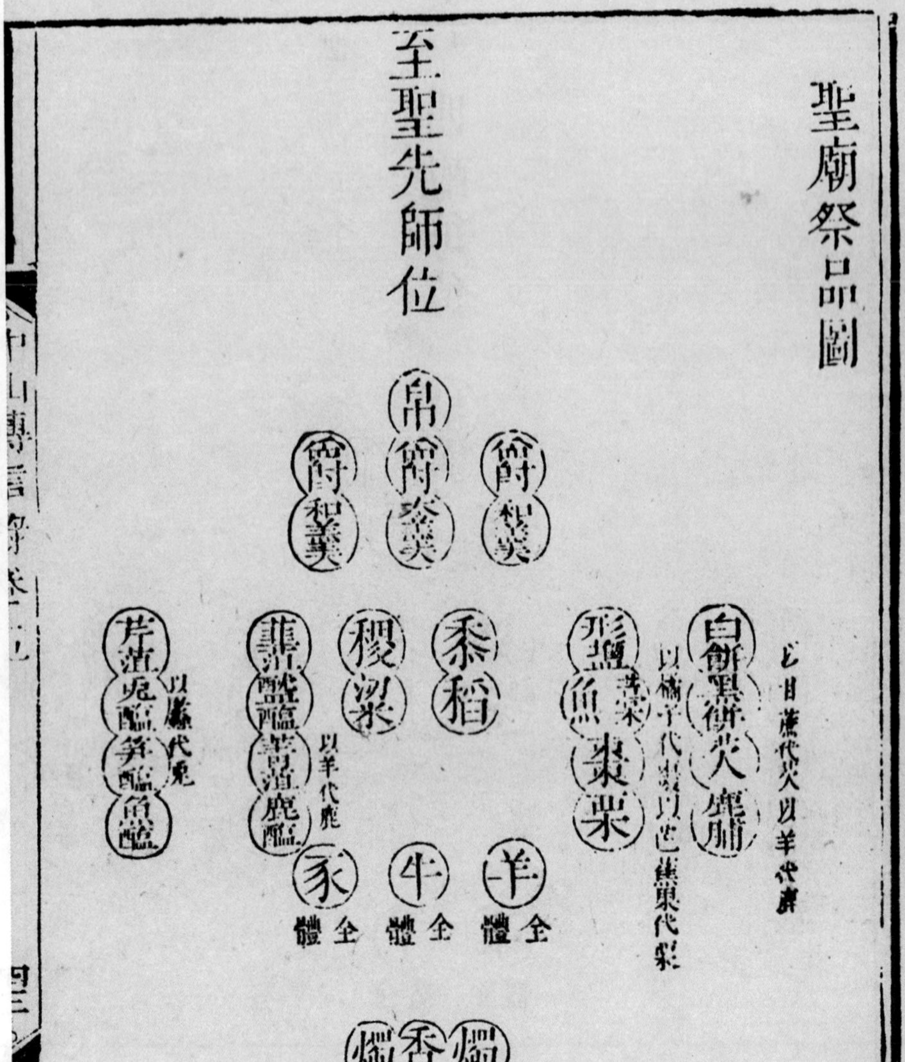
聖廟祭品圖
至聖先師位
帛
爵 爵 爵
和羹 大羹 和羹
黍 稻
稷 粱
白餅 黑餅 芡 鹿脯
以甘蔗代芡以羊代鹿
形鹽 薧魚 棗 栗
以橘子代棗以芭蕉果代栗
韭菹 醓醢 菁菹 鹿醢
以羊代鹿
芹菹 兎醢 筍菹 魚醢
以豚代兎
羊 全體
牛 全體
豕 全體
燭 香 燭

四配每位

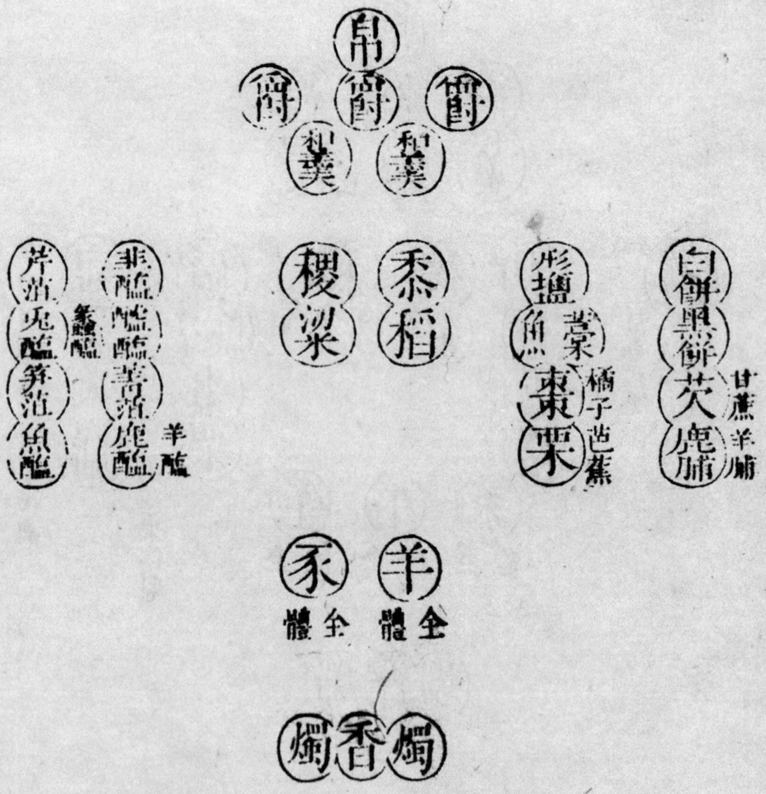
帛
爵
爵
爵
和羹
和羹
黍
稻
稷
粱
白餅
黑餅
芡
鹿脯
甘蔗
羊脯
形鹽
魚
藁
棗
栗
橘子
芭蕉
韭菹
醓醢
菁菹
鹿醢
羊醢
芹菹
兔醢
筍菹
魚醢
鯗醢
羊
全體
豕
全體
燭
香
燭

啓聖祠祭品圖

啓聖公位

帛

爵　爵　爵

和羹　和羹

白餅　黑餅　芡　鹿脯
以甘蔗代芡羊代鹿

以橘子代棗以芭蕉果代栗

形鹽　薧魚　棗　栗

黍　稻

稷　粱

韭菹　醓醢　菁菹　鹿醢
羊代鹿

以鷄代兎

芹菹　兎醢　筍菹　魚醢

羊全體　豕全體

燭　香　燭

配饗每位

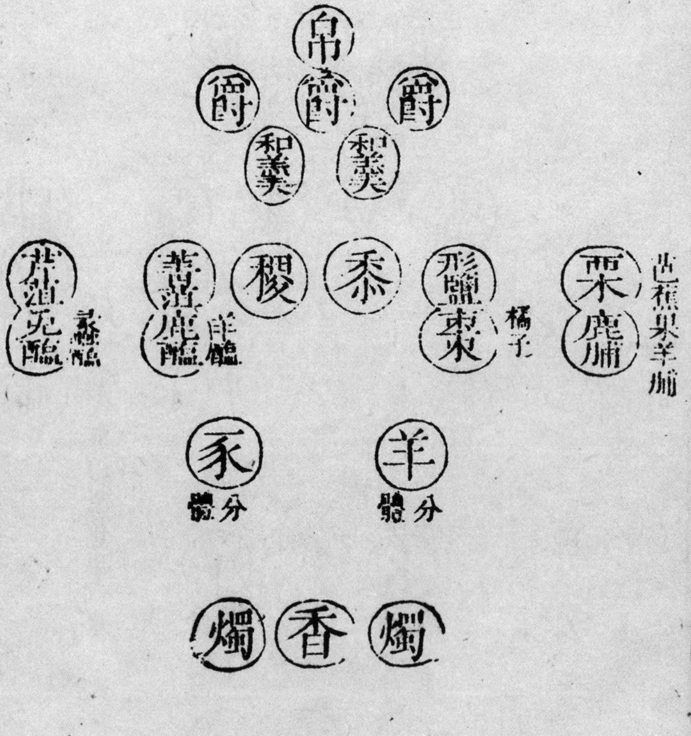

蜡祭每年五月六月各地方收穫後舉行報賽之神祀禮　中山世鑑云古初未知稼穡阿摩美久初分種粟菽于久高島姑達佳知念大川玉城諸處春稻夏熟至今在所春夏四度祭神二月久高四月知念玉城是爲報本返始之大祭也

請雨每於十月播種後先三日齋各官皆詣龍王殿及天尊廟拜請又請龍王神像升龍舟至豐見城設雨壇拜請旱甚國王親詣倚山雩壇躬禱或詣雨城在玉城村内躬禱首里圓覺寺及波上護國寺皆令僧衆

人祈禱

凡跪拜皆合掌膜拜伏地久之乃起搓手爲敬婦女拜先雙手左右三拂膜拜叩首與男禮同見舅姑尊長始行之平行無交拜等禮儀也

凡拜佛先膜拜一叩頭四拜手九拂再叩一首起立又三十三拂父兄代病者許愿求神者共三百三十三拂

學

聖廟在久米村泉崎橋北門南向進大門庭方廣十

餘畝上設拜臺正堂三間夫子像前又設木主四配各手一經正中梁上亦摹

御書萬世師表四大字榜書前使汪林各有記書木牌上立左右文多不錄康熙十三年立廟尚未有學康熙五十六年紫金大夫程順則因學宮未備取汪林二公廟記之意啓請建明倫堂又於堂中近北壁分小三間奉祀啓聖併四配神主五十七年秋七月起工冬十月告成明倫堂左右兩廡蓄經書籍文畧備國王又命紫金大夫程順則刊刻

聖諭十六條演義數節月吉講之舊例以紫金大夫一員司教每旬三六九日詣講堂稽察諸生勤惰兼理中國往來貢典并叅贊大禮又於久米內大夫都通事秀才諸人中擇文理精通者一人爲講解師又擇句讀詳明者一人爲訓詁師講解師歲廩十二石設學於啓聖祠內以教通事秀才之成業者訓詁師歲廩八石設學於上天妃宮以教七歲以上之初學者首里亦有鄉塾三所其外村小吏百姓之子弟則以僧爲師皆學國字有草書無楷字

櫺星門內庭中有石碑大夫程順則記其畧曰琉球遠在海

外去中國萬里自明初通中國膺王爵洪武二十五年王子洎陪臣子弟始入大學復遣閩人三十六姓往鐸焉萬曆間紫金大夫蔡堅始繪聖像奉鄉中縉紳祀於家康熙十一年前紫金大夫金正春啓請立廟王允其議廼卜地久米村令匠氏庀材運以斧斤施以丹雘迄康熙十三年告竣越明年塑聖像於廟中左右立四配王命儒臣於春秋二仲上丁日行釋奠禮既新輪奐復肅俎豆猗歟稱甚盛焉臣順則恭奉教令摛筆述典造始末并勒之石以垂不朽云康

熙五十五年丙申立程順則又有廟學紀畧記建廟興學顛末并講解訓詁師姓名甚備大夫蔡文溥中山學校序云中山自通貢典文教三百餘年今子弟遊觀通經甚少是由父兄之訓不嚴遂至子弟之業不修也今我嗣君勤修學問自王都以及鄉邑各建學堂選士之通經善行者爲師以教子弟又遣近使巡宣諭勸諸生日爾曹潛心肄業孤甚嘉之但學必以不倦爲功積久而後有成不可以旦夕效也且學不但誦讀章句而已小而灑掃應對進退之節大而

修身齊家治國之道以至敦人倫篤家族和鄉黨美風俗無非學也爲師者當以此教爲弟者當以此習卽國之取士亦不外此可不勉歟嗚呼吾君之所以振興文教者至矣大矣由是師之所教弟子之所習皆以實而不以文凡所以致知力行之事致君澤民之道莫不盡心講求以養成德器躋中山於一道同風之治矣又云方今新嗣君聰明性成爰開講席用進儒臣日講詩書以求治國之道化及於下首里那霸皆立學校以教子弟文風大振豈非盛事歟我唐

榮之人自幼而冠賜俸養育立師敎子深蒙國恩更當倍蓰其功上不負敎養之恩斯無媿矣蔡文溥康熙二十五年入太學讀書生之一也故其言有次序如此

官生入國學讀書

本朝康熙二十三年使臣汪楫林麟焻代題遠人嚮化求遣子弟入學讀書二十五年尚貞王遣官生梁成楫蔡文溥阮維新入國學讀書二十七年九月入監上爲特設教習一人福建鄭某教習一年寧波貢生徐

振教習三年徐振議敘以州同即用官生三人皆照
都通事例日給雞一肉二觔茶五錢腐一觔椒醬油
菜等俱備每年春秋賜綿緞袍掛紡絲紬褌各一凉
帽一靴襪各一雙夏賜紗袍掛羅衫褌各一冬緞面
羊皮袍掛綿襖褌各一皮帽皮靴絨襪被褥俱備從
人皆有賜每月紙墨硃筆銀一兩五錢皆鴻臚寺關
給二十九年貢使耳目官温允傑正議大夫金元達
到京國王請遣官生歸國賜宴各給賞雲緞紬布等
物乘傳遣歸

代請官生入學讀書疏

差回琉球國翰林院檢討臣海寶編修臣徐葆光等

謹

奏爲奏請事臣等奉

旨冊封琉球禮畢宴語王令通事致詞云本國僻處海

外荒陋成風於康熙二十五年奏

旨許遣官生阮維新蔡文溥等三人入學讀書今得畧

知文教皆

皇上之賜也自此三十年來無從上請今幸

天遣使臣至國求照前使汪楫代請入學讀書舊例陳
明遠人向化之意倘蒙
諭允得照前例再遣官生入學讀書則
皇上文教益廣矣
禮部謹題爲奏
聞事禮科抄出差回琉球冊封正使翰林院檢討海寶
副使翰林院編修徐葆光等奏於康熙五十九年七
月十五日到部該臣等議得
冊封琉球國王使臣翰林院檢討海寶編修徐葆光等

奏稱臣等
冊封琉球國王禮畢宴語王令通事致詞云本國僻處
海外荒陋成風於康熙二十五年奉
旨遣官生阮維新等三人入學讀書今得畧知文教自
三十年來無從上請幸
天遣使臣至國求照前使汪楫代請入學讀書舊例陳
明遠人向化之意倘蒙再遣官生入學讀書則
皇上文教益廣矣等因具奏到部查康熙二十三年差
往

冊封琉球國王使臣翰林院檢討汪楫等將該國王尚
貞所請令陪臣子弟赴京入監讀書等語轉奏到部
臣部照其所請議覆具題奉
旨依議欽遵在案今琉球國王尚敬傾心向化旣稱再
請將官生入學讀書則
皇上文教益廣等語應如所請准其官生等赴京入監
讀書應行事宜到日再議具題可也於康熙五十九
年八月初三日題本月初五日奉
旨依議

禪宗

國無道士釋有臨濟宗眞言教二種臨濟宗爲禪門
禮誦外多學爲詩眞言教爲人祈禱書符咒正五九
月尤多祈福俱戒葷酒居首里諸寺者皆臨濟宗在
那霸者惟東禪寺清泰寺及廣嚴寺三處爲禪宗餘
俱眞言教也
國自唐時有佛智圓融國師渡海叅學始有臨濟宗
藏經所有者惟法華經維摩經楞嚴經法寶檀經梁
皇懺臨濟錄中峯錄碧巖錄等又有三籟集石屋中

峯甯堂三僧所著三僧皆元時人又有高泉禪師
本朝初閩人後居日本黃蘗山著有洗雲詩集佛國
詩偈藏林集其弟天池閩僧能書
國禁僧不得渡海入中國惟至日本叅學者有之僧
衣多用朱黃色等紬絹爲之袈裟外更有一衣如背
心狀名斷俗帽多用氊如中國笠帽然

僧祿

僧披剃後有名著籍上之理梵司皆有廩米圓覺寺
僧爲國王本宗香火所在僧祿特重歲八十石天王

寺天界寺崇元寺即先王廟歲二十四石臨海寺亦二十四石護國寺四十石二寺在海濱爲國王許愿獻佛之所故祿石多之其他有萬壽寺神德寺聖現寺龍福寺安國寺不論僧衆多少每年支米八石一云支口糧四名每名一石三斗五升共五石四斗云

中山傳信錄卷第六

中山傳信錄卷第六

册封琉球國王副使 賜正一品麟蟒服翰林院編修加二級臣徐葆光纂

風俗

中山風俗已見前錄茲役久淹見聞尤夥畧爲詮次以備採風

正月十六日男婦俱拜墓 女子於歲初皆擊毬爲戲又有板舞戲橫巨板於木樁上兩頭下空二三尺許二女對立板上一起一落就勢躍起五六尺許不傾跌欹側也

板舞圖

二月麥穗祭國中同日祭麥神此日婦女不作女紅男不事田野麥穀四祭皆同

二月十二日花朝前二日各家俱浚井女汲取井水洗額云可免疾病

三月三日上巳家作艾糕相餉遺官民皆游濱禊飲又拜節相往來　此月中同日又祭麥神謂之大祭

五月五日競渡龍舟三泊一那霸一久米一一日至五日角黍蒲酒同中國亦拜節　此月稻穗祭選吉同日祭稻神此祭未行稻雖登場不敢入家明夏冊使子陽

使錄云國中神有女王者王宗姊妹之屬世由神選

以相代五穀成時女王渡海至姑達佳山採其穀穗

成熟者嚼之各處乃敢穫若未嘗先穫者食之即斃

故田間絕無盜採者

六月稻大祭選吉同日祭稻神　又有六月節國中

蒸糯米爲飯家家相餉此日亦不作女紅不事田野

同上四祭日　此月有月之夜士民皆拔河爭勝

七月十五日盆祭祀先預於十三日夜家家列火炬

二於大門外以迎祖神十五日盆祭後送神

八月家家拜月明夏子陽使録云俗有待月之願凡
月初三十八二十三夜皆修吉菓拜待初三夜焚香
對月拜十八夜焚香立待待升明而拜拜畢乃敢坐
二十三日焚香坐待待月出則拜謂可益壽延禧
白露爲八月節先後三日男女皆閉戸不事事名守
天孫此數日內如有角口等諸事故必犯蛇傷國中
蛇九月出傷人立斃 同日蒸糯米交赤小豆爲飯
相餉
十二月逢庚子庚午日通國皆作糯米糕櫻葉包裹

三四層和葉蒸食相餉名曰鬼餅俗傳古有鬼出作此祭之亦驅儺禳疫之意　二十四日送竈次年正月初五日始迎竈

每月朔望家家婦女取瓶罌至砲臺汲新潮水歸獻竈神或獻天妃前石神

正三五九此四月國人名爲吉月婦女相率至沿海雪崎洞中拜水神祈福

官吏家有人渡海者斲木爲小舟長尺許檣帆俱備着竿首立庭中候風以卜歸信歸卽撤之名風旗亦名五兩旗

凡許愿皆以石爲神凡神嶽叢祠之所皆有巨石數處離立設香爐炷香燭於前燒酒設牲菓酬愿皆就石獻供不設神像也舊錄有女王女君辨才天六臂神之類蓋卽君君祝祝開國諸神傳久異辭不盡覈也女巫爲人祈疾者曼聲唄誦徹夜無鼓樂

通國平民死葬皆用棺槨（土名曰龕）官宦有力之家儀物仿家禮有詳畧會葬者皆衣白蕉衫久米村大夫中近有從家禮葬不用浮屠者

棺製比中國棺畧小板厚不過一寸長四尺五寸

墓皆穴山爲之既窆壘以石貴家則磨石方整亦建拜臺墓門遠望如橋門更有穴山葬在層崖之上者女墓前挂棕葉片扇白巾男墓前白布笠立杖草履木屐插花筒設香爐則男女墓皆同

男女食皆不同器各設具別食食餘棄之與客會飲不各設具一桮傳飲筯一雙着盌間同用今其貴官對客亦效中國同器分筯飲食或其居常尚仍舊俗耳夏子陽錄云居官言事必具酒二壺至其家跪而酌之酌畢告以所事云

剃頂髮

前明琉球人皆不剃髮惟不用網巾萬暦中冊使謝行人杰閩之長樂人母舅某從行攜網巾數百事至無可售謝使暹冊封禮久不行云本國旣服中華冠帶冊封日如陪臣有一不網巾者冊事不舉琉人競市一空福建至今相詫强市者則云琉球人戴網巾也至　本朝始剃頂髮自國王以下皆遵時制留外髮一圍綰小髻於頂之正中首里與久米人皆無異夏子陽録云首里人髻居偏久米人髻居中今不然

中山傳信録卷六

也剪唇上髭令齊者間有之

五官正

國中惟三種人皆剃髮如僧一爲醫官名曰五官正一爲王宫執茶役者名曰宗叟又名御茶湯六人又有司灌園六人皆全剃髮戴黑色六稜幔頂寬簷帽名曰片帽衣外多着短掛一領比大衣畧短二三尺許黑色　二種人皆趨役無時櫛髮恐稽時事故皆使從徑省云

屋宇圖

屋舍

作屋皆不甚高以避海風去地必三四尺許以避地濕民間作屋每一間瓦脊四出如亭子樣瓦如中國瓶瓦極堅厚非此不能禦颶故也　無磚牆每屋四旁皆夾設板爲壁庭院中圍牆及外圍牆則用蠣石壘成首里大家外圍牆磨削一面如切成極堅整無磚地多用板閣高三四尺許

門窻皆無戸樞上下限皆刻雙溝道設門扇其中左右推移以爲啓閉　室中以席裹草厚寸許緣以青

布布滿室中入室必脫三板故名脚踏縣自王宮以至民間皆然

屋宇在那霸所見者皆村中民居首里所見官戚大家牆垣棟宇皆極華整然亦一行作屋分内外無層構複室也

惟官署始連楹八九作大屋每屋一間柱礎多至二十餘所　屋用樫木作梁柱堅潤細理千年不蠹一名羅漢杉大島奇界所出尤良價亦甚貴作屋一間費至五百金故久米大夫家從宦有年尚多結茅者

首里大家皆以此造屋鋪地久之光潤可鑑
壁旣用板無粉墁牆多用砑花重粉箋或白色或白
地綠花者糊之
竹簾極麤以細竹全幹編之挂屋簷四周
屋中畫軸皆短小不過四五尺屋小故也若首里貴
家長與中國畫軸無異
屏幅字或用四扇例先書一大字於首如春夏秋冬
仁義禮智之類下綴詩語三四行亦不必與大字相
應

屋中開軒多旁向或東或西庭院中設小山石樹黃楊烏木檜松之類必剪束整齊或方或圓層層有致茸草如茵極細軟柔結寸許連土不散布滿山上下或置小石池畜魚其中中立小石石上植鐵蕉等小木爲玩

村逕皆極寬潔多編細葉小竹作屏籬剪葉令齊方整縝密村落皆是寺院前或列植黃楊剪束就方葉密如牆數十步許又有樹葉如冬青六七月生小白花香如梔子極芬烈土名十里香亦截作籬屏將至

王宫夾道數里

米廩

藏米廩亦懸地四五尺遠望如草亭下施十六柱柱間空處可通人行上爲版閣官倉皆如此村民或數家共爲一亭藏米其中分日守望

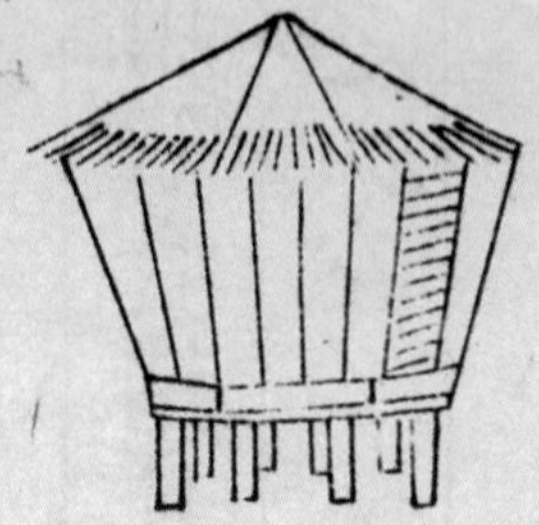

器皿

室中皆席地坐無椅桌之用飲食諸具皆低小以便用其與中土異製者圖之如左

槃

凡飲食置碗之具如古俎豆槃器或方或圓皆著脚高五六寸許食羅數具於前

烟架

烟架一奩中火爐一唾壺一烟盆一室中置數具人前各置一具王宮製用甚精飭

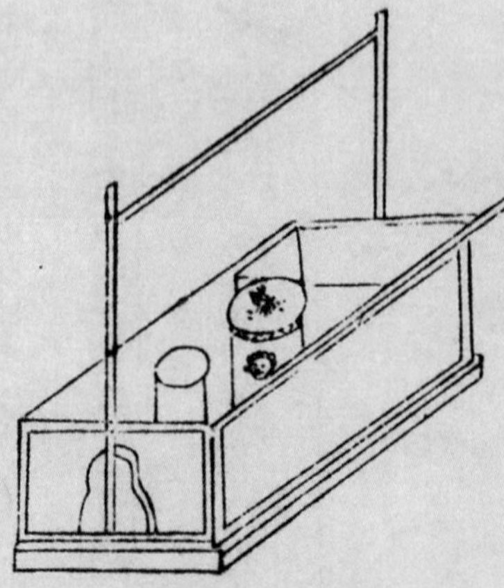

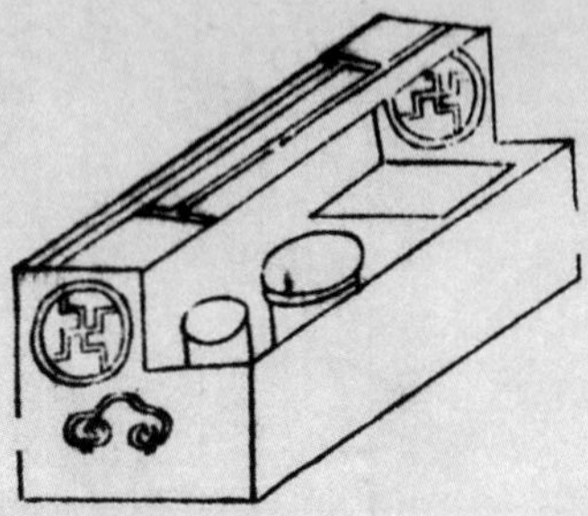

棋枰

棋局高尺許脚二三寸面厚七八寸極堅重使不傾側黑子磨黳石爲之白子磨螺蛤頂骨爲之人皆善奕謂之悟棋下時不用四角黑白勢子局終數空眼多少以定虧嬴不數實子也亦有象棋

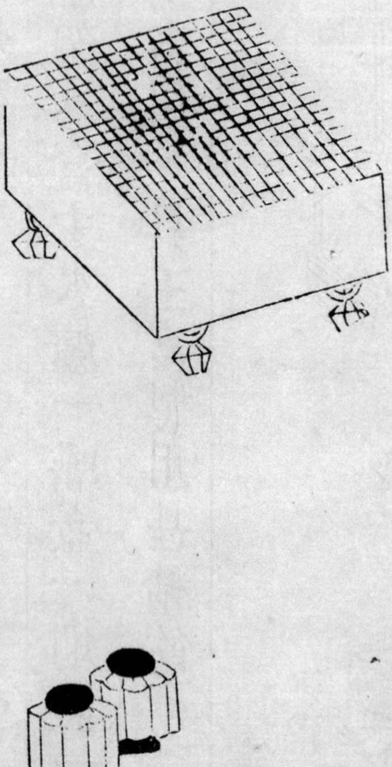

榼

士夫家有一榼或朱或黑滲金間采製作甚精郊飲各攜一具中四器置食物旁置酒壺一盞一筯二諸具略備民家食榼或方或圓皆作三四層刳木爲之

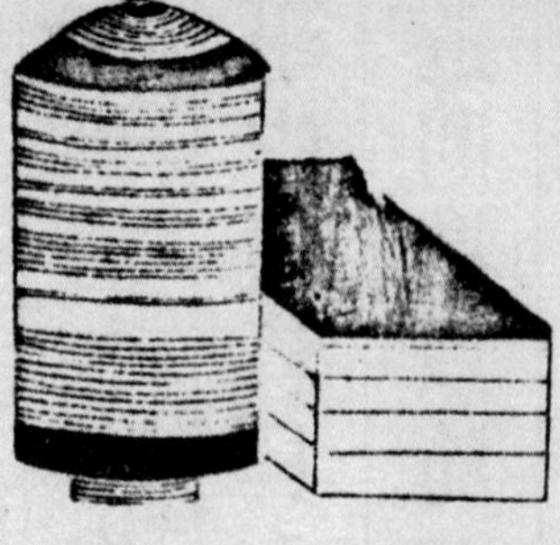

鑪

水火鑪製用輕簡銅面錫裏一置火一置水外作一小木架盛之下二層黑漆奩三四事中藏茗具入茶擔中國王令秀才二人值之客出遊則攜以隨

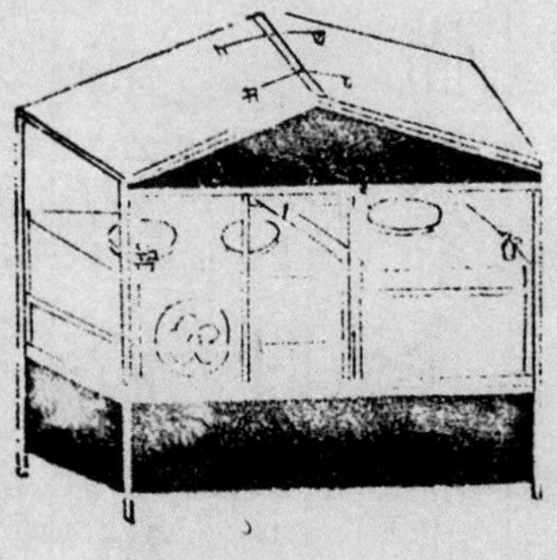

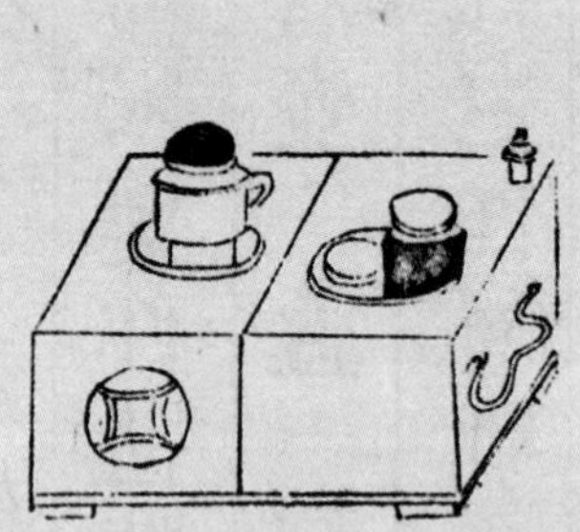

几　書架

曲隱几仿古式繞身如扇形高一尺許加褥其上隱之

書架如鏡架着小座高半尺許席地坐用之

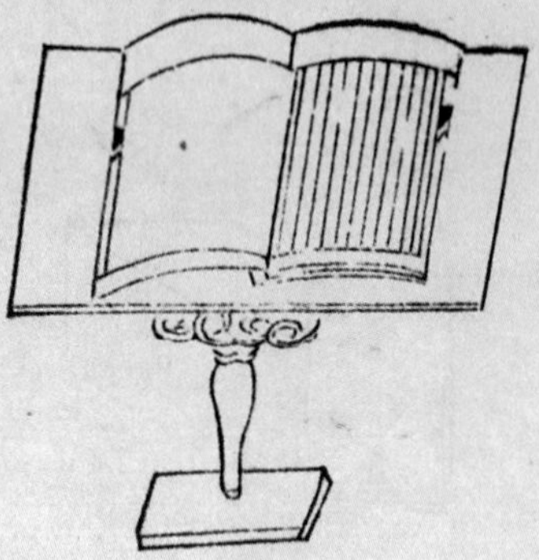

枕

大小套枕中藏數具客至則人授一枕

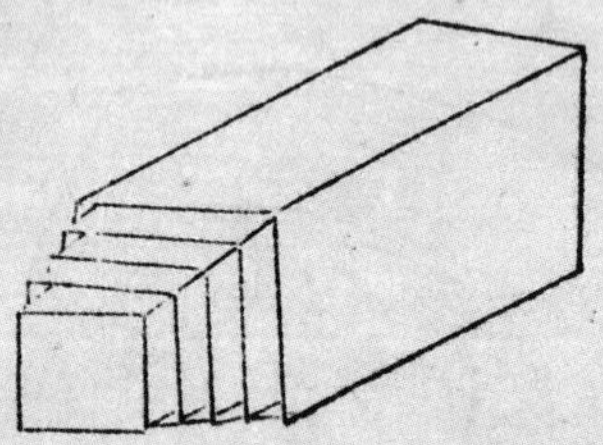

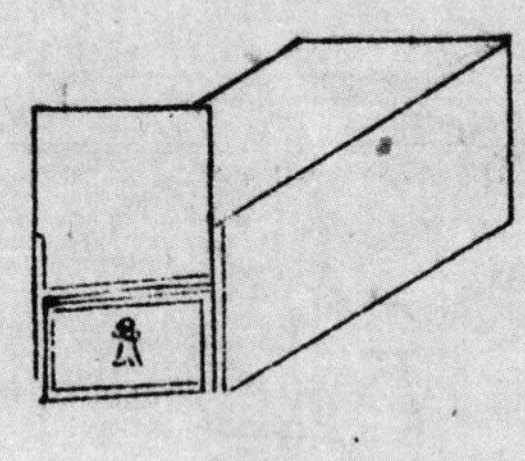

茶甌　茶托　茶帚

茶甌色黃無白地者描青綠花草云出土噶喇其質少麤無花但作氷紋者出大島甌上造一小木蓋朱黑漆之下作空心托子製作頗

工茶甌頗大斟茶止二三分用菓一小塊貯匙內此學中國獻茶法也若國中烹茶法以茶末雜細粉少許入碗沸水半甌用小竹帚攪數十次起沫滿甌面爲度以敬客

燈　燭

燭燈木底四方格上寬下窄白紙糊之而空其上施木柄釘柱上雖大風不致滅燭也王宮内所用皆然民間燈多不用燭以木作燈四方糊紙高木座籠油碟其中置地席上　燭如黃蠟而色黑國中有油樹取其子榨油爲之

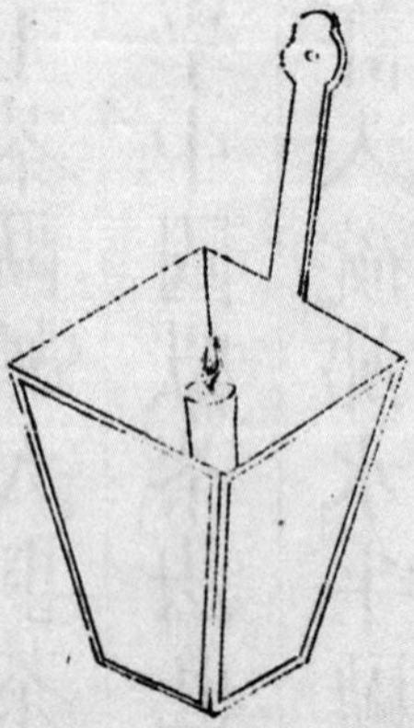

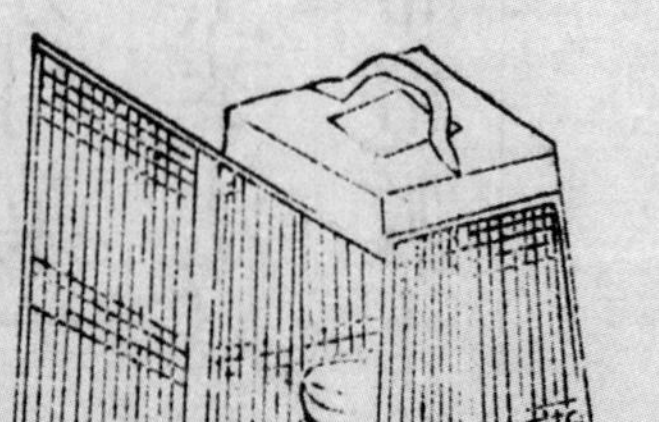

扇

蕉扇圓者爲日扇男子用之婦人用者鈌其傍如鈌月狀名月扇

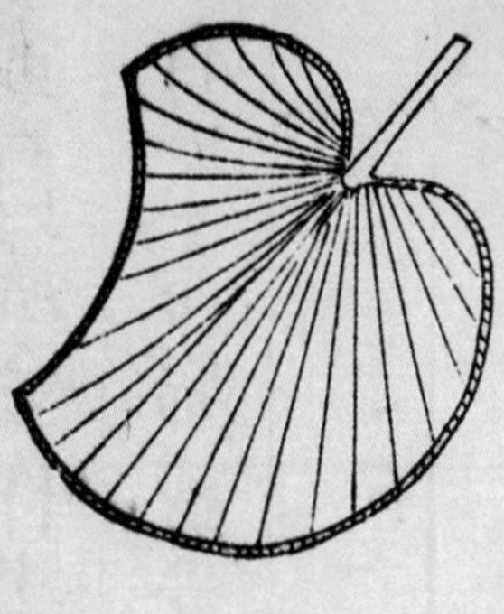

摺疊扇名櫂子扇即倭扇也皆單邊無寬邊者麤細不等有絕佳者本國官民冬夏用之横插大帶間以爲飾又有折腰扇扇骨兩截下合上開僧人所用

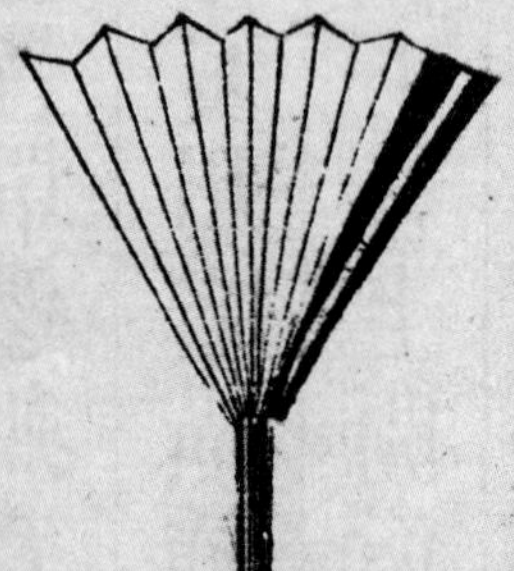

團扇以竹爲骨繭紙糊之或靑或白灑金作畫有泥金五華者名玉團扇惟王宮中有之命婦或受賜始得用之

匠具

斧鑿皆類中國惟鋸用純鐵爲之形如刀下着柄列齒口端爲用

中山傳信録卷六

陶器

瓶罌多類中國其小異者茶具火鑪一二種圖之

釜

炊爨鍋器皆有鐵者製亦頗與中國異或有柄有提處夏使舊錄云多用螺殻炊爨今不爾間以大螺殻烹茶者有之

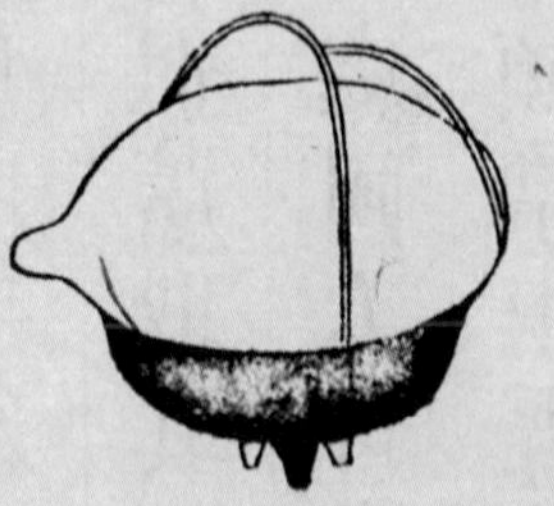

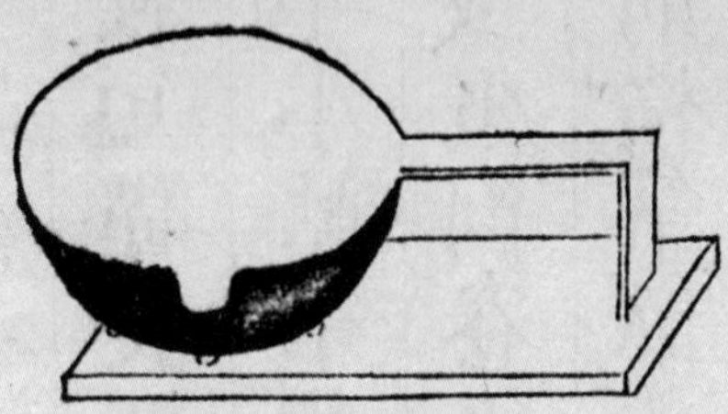

筆

筆用鹿毛爲之短管比中國筆較短僅長四寸餘竹管似蘆取其輕細管之末有沓字小帖筆帽皆有小開處國人作書皆不倚桌或立或坐倒卷紙尾左手𢿰頓掌中懸腕書之以筆蘸墨則横筆臥捲之

紙

紙以繭爲之有理堅白者極佳其黄色質鬆者名事宜紙皆切方幅爲用與高麗繭紙正同其質厚者染紫色可爲衣名內用紙有印花者如錦極可愛

耕器
耝犂皆彷中國但減從輕小高田惟仰雨澤下田層列引泉下溉其江湖通潮者皆鹵不可溉故無桔臯戽斗諸具
織具
機形坐處窄外寛高一尺五六寸低着脚僅三四寸許機前立竹竿一下垂引扣下上梭長四寸餘如皂角形器用輕小席地爲便家家有之縷蕉緜雜紡織之

漁具

沿海近港所見皆用獨木小舟或釣或施繖網以取小魚螺蛤蟹蝦石鉅海膽隨潮下上者夜候潮落篝火取之

樂器

樂器與中國無異箏笛等俱備無笙三絃柄比中國短三寸餘彈撥惟用食指　笛曲有青山曲即中國銀紋絲五更轉也落雁曲樂平曲　太平歌乃神曲每擊小銅點起調一人先唱下乃齊聲和之

前使張學禮記云國王遣子壻於從客某所學琴今已失傳國中無琴但有琴譜國王遣那霸官毛光弼於從客福州陳利州處學琴三四月習數曲并請留琴一具從之

中山傳信錄卷六

女集圖

女集　錢　女飾

市易之所舊錄云向在天使館東天妃宮前平地上後徙馬市街今市集移在辻山沿海坡上早晚兩集市集無男人俱女爲市所市物惟魚蝦番薯豆腐木器磁碟陶器木梳草鞁等麤下之物仕宦家多不入市

冊封日暫行錢

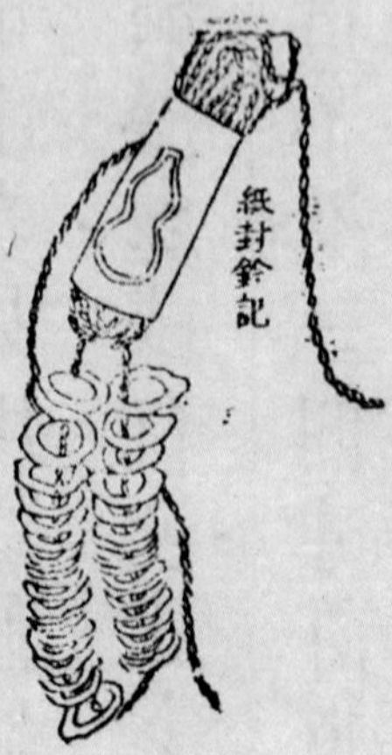

國中常行錢

錢文

錢幕

市中交易用錢無銀錢無輪廓間有舊錢如鵞眼大磨漫處或有洪武字已絕少今用者如細鐵絲圈一貫不及三四寸許重不逾兩許貫尸封一紙扣鈐記之散即不可用每千值國銀二分二釐明萬曆中蕭崇業夏子陽等錄即云國中用黑銅錢極輕小千不盈掬凡五貫折銀一錢則其來已久本國稱爲鳩字錢云其平日皆行寬永通寶錢錢背無字或有一文字按日本寬永元年爲前明天啓二年歲在壬戌此日本舊錢也錢模大小亦與前明萬曆錢相埒錢質皆赤銅每百值國銀一錢二分國朝典彙云琉球市用日本錢以十當一爲近是臨時易之使還則復其舊國中舊有洪武錢永樂十一年又賜永樂錢天順二年

王請照永樂宣德間例所帶貨物以銅錢給賜禮部
寢之　本朝又無賜錢之例故其國少中國錢
婦女小民家簪用玳瑁長尺許倒插髻中翹額上髻
甚鬆前後偏墮疑卽所謂倭墮髻也不穿耳聞國中
大家女亦然無脂粉無首飾珠翠俱廢不用足無所
矯揉或穿半襪或着三板或赤足行沙土中手背皆
有青點五指脊上黑道直貫至甲邊腕上下或方或
圓或髻爲形不等不盡如梅花也女子年十五卽針
刺以墨塗之歲歲增加官戶皆然聞先國王曾欲變

革集衆議以爲古初如此或深意有所禁忌驟改前
制不便遂至今仍之過市所見無不盡然
入市貨物無肩擔者大小累重皆戴於首即大甕束
薪皆然登坡下嶺𫏋首曳袖而行無偏墮者
士妓行市中暑月衣襟上亦用紅絹緣於領掖間以
此識别舊録云良家入市手持尺布以自别今亦間
有之
婦人抱小兒者惟一手操小兒腰臂令騎坐左右腰
乂上所見皆然

太平山船

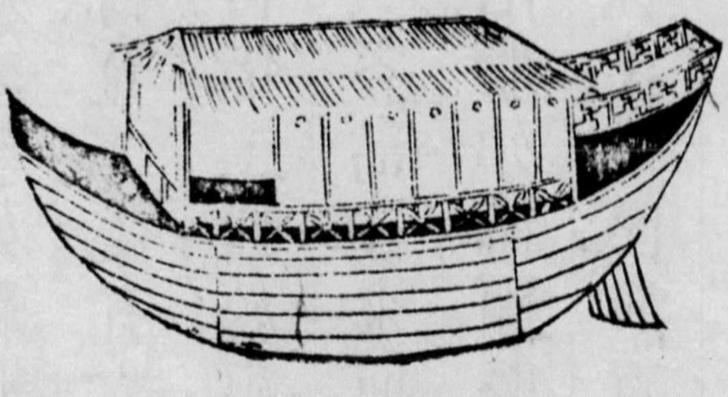

獨木船

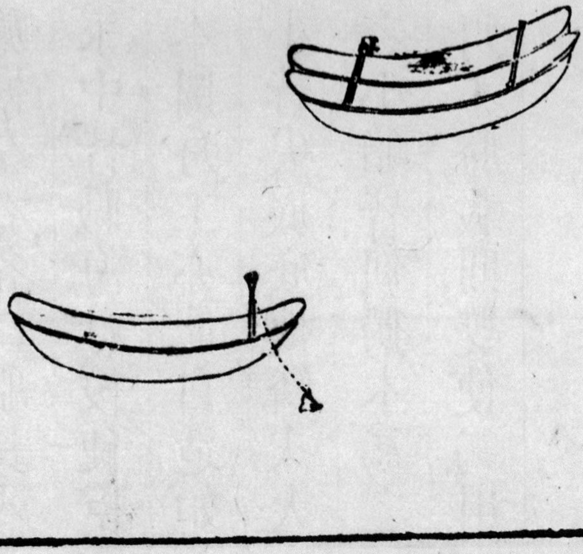

舟

貢船式畧如福州鳥船船掖施櫓左右各二船長八丈餘寬二丈五六尺前明洪永中皆賜海舟後使臣請自備工料於福州改造今本國舟工亦能自造如式其各島往來通載之船大小皆尖底底板鱗次太平山船加飾欄檻爲異故圖之小船皆刳獨木爲之極輕捷村民漁戸皆用之一舟不勝載則雙使爲用

轎圖

轎

通國惟國王肩輿彷中國式或十六人或八人轎上亭蓋帷幔悉如中國國相法司以下皆兩人肩輿式皆矮小着扛木於轎頂二人前後舁之轎高不踰三尺許席底趺坐遠望如籠榼然前使汪錄云不知其中有人信然也貴族亦有造作精緻者用羅漢杉木雕鏤銅飾錦邊繪裹紗縠爲蔽而其高下大小則一也

國中無車山谷非所宜也

馬飾圖

馬

馬與中國無異高七八尺者絕少蹀躞善行山路崎嶮上下沙礫中不見顛蹶此則其所習也上山涉水則馳　地既多暖冬草不枯馬終歲食青不識棧豆故雖村戶下貧亦皆畜馬有事則歛用之事過散還村家亦有以馬耕者

鞍　制同中國黑漆紅漆不同有極精者　鞍前後加紅帕四條分垂左右以爲馬飾

鞦　與障泥皆從簡畧仕宦者或用紅氈一條

勒口索　貴家多用五色相間蕉布全幅入手兩盤番之尚及馬脇也

鐙　以木爲之式如曲杓形一邊着繩繫鞍下空其口以便赤足穿踏或鞴皮爲之朱黑漆有極精者

國人騎馬皆不用鞭能騎者縱控令速行否則折樹梢用之下馬即擲去

宦家女人騎馬擁領蔽面多側坐鞍上兩足共一鐙人控徐行前使汪録有記今偶見亦有之

長弓短箭

弓長七尺餘卓地高齊屋簷箭比中國箭乃較短一握許射必卓地執靶時不在正中乃就下窄處扣絃發矢皆用決拾如古制　發不甚遠舊錄云射二百步外則未之見

月令

正月　桃夭碧桃絳桃櫻桃俱於是月開　長春始榮四季開此月尤盛　蠶豆食新　鶯舌有簧　虵出於穴　始雷　雷乃發聲　枇杷熟與中國無異形畧長如棗元旦食新爲百果先

二月　木筆書空　海棠紅　棠棣華　春菊有芳百合麗春花俱於此月開　月橘子紅月桔一名十里香花六月開子紅纍纍至此月滿樹　苹始生　田豆收　蟋蟀鳴　蟄龍出於海

三月　粟蘭香　石竹花玫瑰薔薇藤蘿罌粟俱於此月開　紫蘸生　諸豆畢種　王瓜登於市　麥乃秋　虹始見

四月　梯沽紅樹高十餘丈花如木筆攢生　榴葵萱花金錢花杜若鳳仙皆於此月開

鐵錢花開　甘露見於蕉芭蕉此月始結實名甘露　山丹吐燄

蕨田熟楊梅亦於此月熟　青瓜出　竹笋抽林　螳螂

生蜻蜓亦生此月　蜩鳴　鴉養羞　蚯蚓出　螻蟈鳴

鳥鳳來小鳥名又有鳥名古哈魯亦於此月來

五月　刺牡丹開　右納花花與秋葵無異木本高三四丈　月橘

花色白如雪香聞十里　夏菊開茉莉梔子木蘭俱於此月開　蓮有華

莧菜秀　桃有實榴亦於此月實　蕻菜生　豇豆出　草

不腐爲螢　颶母時怒

六月　佛桑燒空三月開至冬此月尤盛　掛蘭香蕙亦於此月花

桔梗花　夬明開　禾畢登於場　綠豆收　鹿入

水爲魚沙魚躍岸化爲鹿鹿畏熱以舌咂水亦化爲沙魚

七月　木蘭再芳海棠玉簪俱於此月開　棉花收　龍眼圓

玄鳥來燕至此月始來　寒蟬鳴　刀豆出絲瓜亦於此月出　野

菊秀如中國青蘘生滿田中　毛魚陣於水此月朔前後五日八月朔前後五日毛魚排隊處陣他月不然

八月　木芙蓉華此月花桂亦於　容葚至鳥名又有鳥名恨煞亦於此月來　赤小豆收

九月 梅始華 戊土實菓名古把梯斯形如青菓而扁閩中亦有之名戊土

柿紫 霜乃降 海鷹來國中無鷹此月東北風起自日本飄來

大豆收 麥種下 雷始收聲或至冬不收聲時有之 田野

畢墾 蔴石求子來鳥名綠翅白肩 蛇爲暴此月蛇出傷人立斃

十月 綠秧出於水 橘實 田豆下種 鐵樹有

花 蛇乃蟄 虹藏不見 松露入土化爲菌松下土中此月有土菌形如芋松露滴入土中所化色白出牛糞中者灰色不可食 紙鳶升 石

求讀來鳥名又有鳥名莫讀史與伊石求子皆於此月來

十一月 水仙開 寒菊花 枸杞紅 蚯蚓鳴

美人蕉紅　野有黃華如中國蒲公英開遍山罅中　大雨時行

十二月　佛手指空　綠鳩至　蟄蟲不俯　蚊不

收聲　無冰

物產

中山氣候多暖少寒無冰霜雪希降草木常青土

產所有同中國者祇標其名異產則詳其形狀花

卉并記其開時如後

穀則六穀咸備米六種麥三種菽有綠豆赤豆黑豆

白豆大豆小豆大豆即中國黃豆毛莢七八月生田

中所見比中國產者特小僅如細黑豆　異產有番薯在處皆有之犂種沙土中蔓生蔽野人以爲糧功並粒食家種芭蕉數十本縷絲織爲蕉布男女冬夏皆衣之利匹蠶桑明冊使蕭崇業夏子陽舊錄云土不植棉地不宜茶今亦間有之但不甚繁植云

蔬有白菜芥菜菠菜蘿蔔香菜絲瓜冬瓜茄子刀豆蠶豆芋葱蒜韭薑胡椒薤芹薺蕨瓠菱葵茼菜茼蒿香菰紫菜菘木耳石花菜　異產有海帶菜女蒡辣蕎茯苓菜蘘菜又有松露土音稱爲蕃蘿九十月中

生大松樹下土中實圓白色菌類味鮮美產具志頭者尤良灰色者生牛糞中不可食海菜有海帶一名昆布又有紅菜類石花菜而少扁出海灘中又有雞脚菜麒麟菜

木有松栢檜杉榕樟梔柳槐棕櫚黃楊梧桐甚少異產有樫木等

〔樫木〕一名羅漢杉葉短厚三稜與中國羅漢松同木理堅膩國中造屋樑柱皆用之諸島皆有出奇界者尤良

〔福木〕葉如冬青特大對節生長二寸許如腰子形厚

而光澤一名常盤木樹直上長丈餘四時不凋葉可染綠色開小黄花結實如橘可食又有一木土名呀喇菩葉皆似福木亦對節生白花似梅十一二月實俱號君子樹葉紋對縷如織中邊映日通明作金黄色舊傳鬪鏤樹葉如橘當即此也

鐵樹即鳳尾蕉一名海椶櫚身蕉葉葉勁挺對出離褷如鳳尾映日中心一線虛明無影四時不凋處處植之

烏木葉如桂直上外與常木不異中心木質黑色然亦有白理者又有紅木

油樹葉似橘實如橘大不可食用以榨油又有福滿木樹高數尺葉似木槿差小花如橘子纍纍紅色可食又有樹葉似冬青高丈餘花如棗子纍纍生如中國女貞子甘酸可食亦可染物作青蓮色名山米又名野麻姑當即青精也

古巴梯斯樹高二三丈餘葉大如柿葉花五椏八九月實如青果而少匾味香甘閩中有之名戊土

右納樹高三四丈餘葉似白桐夏季開花如中國秋葵黃瓣檀心

地分木高五六丈葉如穀樹小白花叢生冬月開有毒可藥魚

月橘樹高丈餘細葉如棗五六月開小白花甚芬烈名十里香結實如天竺子稍大二月中紅纍纍滿樹

梯姑樹高七八丈大者合數圍葉大如柹每葉抽作品字形對節生四月初花朱紅色長尺二三寸每幹直抽攢花數十朶花葉如紫木筆吐燄高麗種出太平山

悉達慈姑樹高丈許葉類桃子如葡萄穗纍纍深藍

色名慈姑奶不可食

花有梅桃杏桂木蘭木蓮水芙蓉紅櫻雪毬山茶安石榴杜鵑杜鵑十月開花至三月止花絶大四倍於中國所産者佛桑千葉者有大紅及淺紅二色單葉者惟大紅一種中心蘂高出花瓣外一寸許如燭承盤狀故一名照殿紅四時皆花六月爲盛山丹比中國特大有成樹長丈餘者紅花四出數十朶攢生如火有千葉者重臺甚艷五雅記注云山丹扶桑同出日本始入中國蘭四時皆開菊茉莉海棠長春水仙十月花剪秋羅月季薔薇千日紅銀臺金盞即水仙杜若菖蒲百合葵雞冠萱石竹仙人掌雁來紅藤　異產有名護蘭等

名護蘭葉短而厚，與桂葉同大，僅如指。三四月開花與蘭無異，一箭八九朶攢開，香清越勝蘭。出名護嶽巖石間，不假水土，或寄樹椏上，或以棕皮裹懸之。又有風蘭，葉比蘭較長，香如山柰茴香，蔑竹爲盆，懸挂風前，極易蕃衍。俗皆尚蘭，號爲孔子花。

粟蘭一名芷蘭，葉如鳳尾，花如珍珠蘭。又有松蘭、竹蘭、棒蘭，狀如珊瑚樹，緑色無葉，花從椏間出，似蘭較小。

野牡丹土名芔花，葉與牡丹無異，二三月花開作叢，纍纍如鈴鐸，素瓣紫暈檀心，如碗大，極芳烈。其葉嚼

之以爲口香種出大平山又有野海棠仙人竿帶桃
野蘭郎中國青蘘
文萱花一名歡冬花花如萱花特小葉有青白相間
紋
山蕪花一名猿蓮花無花無幹出土長不及尺葉如
蕉而小堅厚有紋
雷山花土名吉茄葉如鐵梗海棠花如牽牛花差小
鴉翠色四五月開至十一月結子如豆苞如榴房藏
子數十粒可種

吉姑羅一名火鳳人家牆上多植之以辟火幹似霸王鞭草葉似愼火草花似黃菊亦有紅者名福祿木

果有藕蔗西瓜青瓜木瓜橘數品香橙金柑佛手荔枝龍眼葡萄櫻桃楊梅覆盆子形如楊梅栗柿核桃枇杷梅小如龍眼異產有蕉實等

蕉實芭蕉所結實名甘露花紫紅色大如瓢日開一瓣結寔如手五六指並垂採久之膚理似藕之最嫩者可成熟之如薯而甘

阿呾呢葉長旁有刺久成林連蔓堅利可爲藩牆葉

可造蓆根可造索開花者爲男木花白若蓮瓣合尖
左右迸疊十餘朶直上五椏蘂露如杖長數寸芳烈
如橘花女木無花結實大如瓜膚紋起釘皆六稜可
食云即波羅蜜別種粵東亦有之名鳳梨
〔櫧子〕一名芝子如橡栗而小山中處處有之一名椎
子
竹有苦竹猫竹虎斑竹鳳竹竿竹箒竹烏竹大竿竹
矢竹竻竹異產有觀音竹
〔觀音竹〕着地叢生葉長尺許寬三四寸紫色

獸有牛馬羊豕犬猫鹿猿山豬無虎兎獐明一統志言其土產有熊羆豺狼今考皆無之

畜有雞鴨鵝異畜有太和雞比常雞特小短足長尾種出七島

禽有雀烏鴿鷺鷗鳧鴨班鳩綠鳩十二月來野鳩鶉鴗俗呼神鳥田鳥雉鶺鴒杜鵑鴛鴦燕七月來不巢人屋鷹九月中東北風從外島飄來雁偶有之不恒至鶴或一有亦希見之異鳥有古哈曾等

〔古哈曾〕金黃毛羽長觜短尾四月鳴

麻石翅羽綠色白骨九月來又伊石求子似麻石

烏鳳一名王母鳥四月來

恨煞毛羽似鷹而差小八月來

容韮翅灰褐色黑頭八月來

石求讀毛羽似雀十月來春乃鳴

莫讀吏綠毛十月來

蟲有鼠蝙蝠蝎虎能作聲如雀冬夏皆然蜥蜴生水池中紅腹背有金光又有四脚小青蛇常見之國中蛇最毒九月中每出傷人人立斃前使錄云其蛇較不傷人未然

蠅皆冬生蟻與中國同但腹亮如晶甃之有點水

鱗族有鮫鯉鮒鰻鰍蝦金魚銀縷魚異產有毛魚針魚燕魚等其綠色紅色綠鱗紅章五彩相間或圓或長者不可勝數土人就其色其形呼之皆無名海魚生切片夜中黑處視之皆明透有綠火光色如熱河夜光木

毛魚細小外視似腐咀嚼有味閩人皆重之爲珍品七月朔前後五日八月朔前後五日於海中排陣出他月則否

針魚頭戴針形亦名鱵　靴魚頭長如靴

燕魚如燕有翼能飛古名鰩俗呼飛魚

介族有龜黿鼊異者有玳瑁等

玳瑁甲如龜鼊首尾形少尖頭帶淡紅色

海馬馬首魚身無鱗肉如豕頗難得得者先以進王

石鉅首圓下生八手無脚土人皆以入饌

蟳肉最佳味如蟹而大性溫　蟹大小種族各異有小

蟹五色兩螯左大右小以取食大以外禦惟大螯

朱紅色名曰照火　小蟹居螺殻中名寄生

海膽背生刺如蝟蠕蠕能運徐行味如蝦蟳

螺族尤異五色璀璨形狀詭出蜯螯大如盤國人以爲盎爲戸樞爲釜皆是異者有壁虎魚等

壁虎魚螺殼上生五六爪形如壁虎名壁虎魚

梔螺殼尖出如梔生刺滿之名梔魚

貝有數種一種外白色內朱紺色一種玳瑁斑內紫白色

龍頭蝦名鰝大者一二尺形絕似龍時以供饌蛤蚶之族不可勝紀

佳蘸魚削黑鰻魚肉乾之爲腊長五六寸梭形出久高者艮食法以溫水洗一過包芭蕉葉中入火畧煨再洗淨以利刃切之三四切皆勿令斷第五六七始斷每一片形如蘭花漬以清醬更可口

海松

海松生海水中大者二三尺根蟠海底石上久之與石爲一矣國人亦名曰礒松似言松本木類附生石上如義甲義髻之義此字甚切按字書礒石貌別是一意其枝葉纖細與側栢無少異鮮𥗽如火疑以栢

枝葉成朱色有腥氣不可近翫其根木色輪囷屈曲如老樹根以刀刻之拒不可入儼然石也生馬齒山者較他處尤良紅色不即褪落又有一種無枝葉拳石殷紅上作蜂窠細眼攢蹙徧滿如雞冠花頭皆生海底惟馬齒山漁人能泅水深沒取之中山漁戸能入水者亦不能及也

石芝

石芝生沿海海底石罅中天使館西北海上有小石山名石筍崖土人亦稱爲波上此崖之下石芝所聚

前使舊録云有根有葉大者如盆小者如碁其他如菌如菊如荷葉者不可勝數靈壁羊肚俱不足道亦惟馬齒山人能深沒取之鹽水久漬而成腥氣尤不可近出水久之腥氣漸退然脆折亦難致遠故不貴重云

凡石大小皆極嵌空大者如樓如屋玲瓏明透古藤縈結葱鬱即拳石亦有奇致山崖海邊遍地多有但質甚鬆利易脆折惟磨刀石甚堅而膩以爲礪勝中國者故世以充貢

字母

眞	草	讀
イ	い	人讀如依
ロ	ろ	類讀如魯
ハ	は	波讀如花
ニ	に	仁讀如義
ホ	ほ	保讀如夫
ヘ	へ	飛讀如揮
ト	と	登讀如都
チ	ち	知讀如痴
リ	り	里讀如利
ヌ	ぬ	奴
ル	る	留讀如祿
ヲ	を	遠讀如烏
ワ	わ	和讀如哇
カ	か	加讀如喀
ヨ	よ	有讀如夭
タ	た	太讀如達
レ	れ	礼讀如力
ソ	そ	卒讀如蘇
ツ	つ	律讀如即
ネ	ね	你
ナ	な	奈讀如那
ラ	ら	羅讀如喇
ム	む	無讀如某
ウ	う	宇讀如務

中山傳信錄卷六

眞	草	讀
井	ゐ	而讀如依
ノ	の	乃讀如奴
オ	お	於讀如烏
ク	く	可讀如姑
ヤ	や	也讀如耶
マ	ま	末讀如馬
ケ	け	計讀如其
フ	ふ	不讀如夫
コ	二	科讀如庫
エ	江	江讀如而
テ	て	天讀如梯
ア	あ	安讀如牙
廾	さ	世讀如沙
キ	き	其讀如基
ユ	由	由讀如天
メ	め	女讀如霉
三	み	弁讀如米
シ	し	之讀如志
卫	ゑ	忌讀如意
ヒ	ひ	北讀如蜚
モ	も	毛
廿	世	世
ス	す	寸讀如使
二	二	嫣

琉球字母四十有七名伊魯花自舜天爲王時始制或云卽日本字母或云中國人就省筆易曉者教之爲切音色記本非字也古今字繁而音簡今中國切音字母舊有三十六後漸簡爲二十八自喉齶齒脣張翕輕重疾徐淸濁之間隨舉一韻皆有二十八母天下古今有字無字之音包括盡矣今實畧彷此意有一字可作二三字讀者有二三字可作一字讀者或借以反切或取以連書如春色二字琉人呼春爲花魯二音則合書八尸二字卽爲春字也色爲伊魯

二音則合書イロ二字卽爲色字也若有音無字則合書二字反切行之如村名泊與泊舟之泊並讀作土馬伊則一字三音矣村名喜屋武讀作腔字則又三字一音矣國語多類此國人語言亦多以五六字讀作一二字者甚多得中國書多用鈎挑旁記逐句倒讀實字居上虛字倒下逆讀語言亦然本國文移中亦參用中國一二字上下皆國字也四十七字之末有一字作二點音嫣此另是一字以聯屬諸音爲記者共四十八字云

元陶宗儀云琉球國職貢中華所上表用木爲簡高八寸許厚三分濶五分飾以髹釦以錫貫以革而横行刻字於其上其字體科斗書又云日本國中自有國字字母四十有七能通識之便可觧其音義其聯輳成字處髣髴蒙古字法以彼中字體寫中國詩文雖不可讀而筆勢縱横龍蛇飛動儼有顛素之遺今琉球國表疏文皆用中國書陶所云横行刻字科斗書或其未通中國以前字體如此今不可考但今琉球國字母亦四十有七其以國書寫中國詩文筆勢

果與顛素無異蓋其國僧皆游學日本歸教其本國子弟習書汪錄所云皆草書無隸字今見果然其爲日本國書無疑也

琉球語

臣按前明嘉靖中冊使陳侃記云稱有夷語夷字附錄卷末所傳鈔本闕而未見萬曆中冊使夏子陽給諫使錄刻有琉語

本朝張學禮冊使亦畧載雜記中今就其本少加訂正對音參差輕重清濁之閒終不能無譌也

天文

天町　日飛　月子急　星夫矢　風喀買子　雨阿梅　雷喀呧渺一　雲枯木　雪叉急

電賀的　霜什嘸　下雨阿梅福的　下雪叉急福的　霧氣力　露禿有　霞喝喀泥　雹

科立明日阿着起風喀買福的沽天陰町奴姑木的天晴町奴法力的後

日阿煞的大後日郁加

地理

地池土足池江密乃度河喀哇海烏米山呀麻間字亦讀同麻音水閔子冰

谷亦里路密之岸倭喀石一是井依喀喇泥巴羅沙是挪灰活各力磚呀及

一什尾喀哇喇遠土煞迷近土古尼迷長拿夾煞短陰夾煞前媽也後嘸什

的左分搭里右名急里上威下昔着東窟之西尼失南灰北屋金尼失

府問切村册喇

時令

春哈羅夏約之秋阿紀冬灰唷冷嗨煞熱阿子煞寒辟角羅煞暑奴羅煞陰
姑木的陽法力的晝皮羅夜唷羅朝阿噶子吉晚有煞嘸的時吐吉氣亦吉年
多式節些谷尼郎正月夏括子二月膩括子三月三括子四月式括子
五月吾括子六月六姑括子七月失之括子八月瞎之括子九月空括子
十月蠋括子十一月蠋一之括子十二月蠋膩括子初一之搭之初
二福子介初三之搭之密介初四之搭之唷介初五之搭之一子介初六
之搭之美介初七之搭之挪介初八之搭之鴉介初九之搭之哭古魯初十
之搭之土介十一之一子泥子十二之泥泥子十三之三泥子十四之唷泥子
十五坐古泥子十六坐六古泥子十七坐十七泥子十八坐瞎之泥子十

九坐苦苦泥子　二十瞎子介　二十一瞎子介瘂　二十二瞎子介泥泥子　二

十三賦祖三泥子　二十四賦祖啨介　二十五賦祖姑泥子　二十六賦祖

六姑泥子　二十七賦祖失之泥子　二十八賦祖瞎之泥子　二十九賦祖若苦泥子

三十三祖泥子

花木

茶札　花谿那　葉谿　枝叉打　樹那吉　果吾乜　松貿子　栢貿子那吉　竹托几　笋

打吉　棗那多[illegible]　木雞　草谷煞　梅花呱梅　蓮花臨　龍眼客梗　木頭梅呱

梅拿乃　杉木思雞　榆木掐雞　烏木哭羅雞　桃莫莫拿乃　杏色莫莫　柳現其

芭蕉巴拉　石榴花石古魯　藕菱公　扶桑花菩薩谿那　榕茄子埋大　梧桐

谷多桂雞花雞冠雞朶茉莉木乖一鳳尾蕉靴子底荔枝利市甘蔗

翁吉胡椒窟受蘇木司哇

鳥獸

龍達都虎土拉鹿呵唔失失馬嘸馬獅施失牛兀失兔兀吉熊煞谷馬象喳

雞排鵝鳥孤欲士猪呀媽失失狗因皮喀哇鼠聶鶯打荅噶羊皮着蛇

密窓猴煞陸龜喀也雀由門多里鳳凰呼窩麒麟其鄰孔雀枯雀姑獬豸

瞎宅仙鶴司祿象牙喳冷其玳瑁喀也那各牛角兀失左奴喜鵲孔加喳司

鶴頂拖立奴谷之

宮室

宮迷耶屋耶門濁戶耶獨可之窓馬都牆搯几垣仝止亭堤園膩滑堦

乞齋空書又喀啞條書瓦房喀喇亦棄牙

器用

弓憂米箭一牙担桶啞格木杓你波脚踏棉波着子棹琫浴桶克搭

里椅子倭里那風爐魯牙刷番啞脚雞母魯畚箕失忒戥子法介依

天平聽馬荅白刀和着刀鞘綠古禮耶轎子夾介子木套阿書着傘夾煞

竹片兀閑札執古床燈禿羅面桶他古又他里鍋那脾鍋蓋福大瓦礶

之啞瓢彌啞掃箒火氣船胡你箅盤山姆盤油盞雖之既木梳沙八巳

甕客兔索爭拿斧頭霞爽湯盆他阿喇竹籠古衣八古筋賁生又皮爬失鎖

柴心又沙西内古烟筒啓力荷包荷作茶鐘茶碗飯碗麥介衣銅罐約慣
爨簽式執直圍棋古香爐科爐箱子科阿里阿哥面盆汗你及里盤
他喇古匣哥八水注閔子磁之鏡子喀敢泥酒壺虧奴燭簽亂思古苦短
簪喀你煞失長簪彌誇酒盃失六加泥象棋冲棋盛噶嗚吐甲幼羅衣弦
子奴鎗牙立盆大箣瓶匹胡平船莆泥桅花時舵看失櫓羅篷賀帶文筆
書什麼子畫夷夷喀之字阿三那筆夫的墨細米紙瞎皮硯思子里扇子
了吉屏風飄布花瓶拋拿香盒福法名倭扇柱其玉帶衣石乞各必金
杯孔加泥麻佳里圍棋右

人物

皇帝倭每的　國王哭泥華　王妃倭男禮喇　王子倭奴鬱勃人誇　朝廷倭每
奴　大夫大福　長史丈史　使者使臣　通事通資　正使申司　副使付司　大
老爺阿几噶那什　老爺安主　大臣沈噶　女壻母姑　祖五虎之　孫子姆馬
噶　父會几噶烏耶　子括　女兒會南姑括　大五嗨煞　小枯煞　弟婦啃美　妻
拖廚　夫戶多　弟屋多　兄洗之　朋友獨需　你呀　我穵啞　妓俗里　母會南姑烏耶
男會儿噶　女會南姑　丫頭土母　僕濃煞　親戚喂街　公子三波堤　客人
客姑　主人堤就　唐人叨濃周　姊洗之烏乃　妹屋多烏乃　貧平素奴周　富喂既奴周
和尚巴子　醫生一着　伯洗之渾局　叔屋多渾局　姑娘喂媽　爹靴羅買　娘阿姆
買　阿姪威　小孩子歪拉培　丈人色多　師父失農褒　琉球人倭急

拿必罔　日本人亞馬吐必周　朝貢使臣嗎得那使者　琉球國王倭急

拿敖那

人事

作揖禮及　洗浴阿美的　上人洗面烏木的阿采　下人洗面思答阿來

來　拳頭打蹄子烘　打烏兒　脫衣輕化子榮　殺枯必起　大醉威殷帝聽帝

上人吃三衣米小利　疼呀的　痛阿格着　洗東西阿約的　採花抬奴吉之

行路阿之　等待末之　病牙的　生一吉之　死失直　傷風哈那失几　輿屋起豎

走廻姑一甚　行亞立其　好優答煞　不好乞煞　買科的　賣屋的　打更柯北音

言語麽奴喀答里　上緊走排姑亦急　上御路惡牙密即約里　夢一梅　瘦推的

肥滑的再叩頭麻達喀藍子其入朝大立葉密達鞠躬曲尸麻平的底頭
喀蘭自之立住苔止歪立叩頭嗑藍自之謝恩溫卜姑里朝貢密加妳吸之平
身度漫思吾慶賀密由烏牙表章彪烏賞賜吾加每奴一起來揭之進貢
喀得那進表漂那阿傑的報名包名辭朝畏之謾歸回去闔都里一其早
起速都密的下程司眉日尸筵宴札半失勅書倭眉脚都司墨曉得識達哇
不曉得失藍聖旨由奴奴失御前謝恩惡牙密溫卜姑里且慢走慢的
拿來一得姑放下由六尸給賞烏鶻沒谷古里方物木那哇多少亦加
煞請來子失之

身體

髮哈那子乂喀拉齊頭他喇子眉賣由眼美耳你米鼻谿納舌失着口潤生

齒奇鬚非几手蹄脚爍身搯韃心氣麼頭頸科必胸啞尼奶齊牙

額諾失脚其衣臍哭素指頭威彼臂非之腿膜膜

衣服

衣裳衾帽掐煞衣服嵡子滿吉乂豈奴褲子哈加馬帶烏必手巾梯煞

几乂皮沙之被烏獨帳子喀着氈單木心枕媽括褥子福冬襪搭粥衫子

哈加笠由沙纓毛疸靴呵牙鞋緐巴汗衫阿米琴冬短衣木綿景夏短

衣百景索紬亦周緞子動紗撒羅羅絹活見布奴奴綿衣奴奴木綿紗

帽紗網巾網巾圓領員領裙喀甲眉

飲食

飯吀班 酒爇兀 煙塔八孤 油阿吀打 醬彌沙 醬油沙由 米可木 鹽麻蝦 豆

腐扎稿 茶札 肉失失 菜綏 索麪錯閔 菜瓜喂 蒜非徒 西瓜烏貼 冬

瓜失布衣 生薑那沒燒介 黑豆枯羅馬馬 蕉寔巴繳那 番薯番子母 豆

芽菜馬米那 餅木之 芋羹坤軋姑 菓刻納里 粉由諾姑 魚一由 蝦必

蛤蜊克培 螺句阿古噶 蟹夾繳眉 硨磲阿札噶 海獅子菩拉

珍寶

金枯軋賦 銀喀賦 錢一層 銅阿里喀賦 鐵窟碌喀賦 錫右碌喀賦 鈔支賦 玉依不

珠捷馬 石一石 瑪瑙吾焉那達馬 珊瑚牙馬那達馬 水晶血子達馬 玉石

（撻馬一石）琥珀（宅喇）犀角（吾失祖奴）硫黃（油硅）

數目

一（抵子）二（打子）三（乜子）四（天子）五（一子子）六（姆子）七（納納子）八（呀子）九（科過祿子）十（拖子）十一（拖抵子）二十（膩徂）三十（摻徂）四十（細徂）五十（古徂）六十（六古徂）七十（錫汁徂）八十（河汁徂）九十（苦徂）一百（夏古）千（先）一千（一貫）萬（漫）兩（聊茶切）錢（眉）分（風）一半（納加那）一樣

（一奴摩奴）輕（喀羅煞）重（呧卜煞）多（屋火煞）少（一革拉煞又速都）長（那夾煞）短

（陰夾煞）濶（非羅煞）狹（一伯煞）中（屋之）上（威）下（昔抵子着）滿（密之）淺（阿煞之）

里（利）一錢（一止買每）二錢（尼買每）三錢（山買每）四錢（申買每）五錢

（吾買 每）六錢（六姑 買每）七錢（式之 買每）八錢（法之 買每）九錢（枯買 每）一兩

（執買 每）十兩（撒姑 每）一百兩（撒牙 姑）一萬個（麻孰 吐失）千歲（森 那）萬

萬歲（麻由 吐失）

通用

甜的（阿媽 煞）酸的（闆爽 煞）辣的（喀喇 煞）鹹的（什布 喀煞）淡的（阿法 煞）

黃（綺 羅）紅（阿夾 煞）青（啞 煞）白（稀羅 煞）念書（西米那 那容）看（妙 母）聽得（乞 介）

（楞）不聽得（乞介 藍）有（阿 美）無（你 嬾）臭（哭煞 煞）求討（答毛 里）說話（麼 奴）

（喀達 里）知道（識 之）不知道（失藍 子）不敢（揚密 撒）東西（加尼 尼失）閒（謾 圖）

（押 里）說謊（由沽 辣舍）實話（馬訟 沽夾）不見（迷 闌）快活（括 其）辛苦（南及 之）笑

尾喇的啼那院其吽的瘧課沙明早起身阿着速圖拖枚榻支抛球馬一捉

七子一深虐古下碁古烏韃唱歌屋韃

琉球土人居下鄉者不自稱琉球國自呼其地曰屋其惹蓋其舊土名也

中山傳信録後序

自古聲教四訖未有如我
國朝之盛而遠奉簡書採風異域亦未有如徐太史
之慎以周者也余獲附星槎抵中山遍探鮫俗見
聞殊異盖其國禁素嚴事無鉅細皆噤不語客自
有明通貢三百餘年嘉靖以後奉使者人人有録
而皆不免于略且誤者職是故也副使徐太史奉
冊命于康熙己亥六月朔至其國明年二月始還在彼
八閲月使事之暇孜孜採訪凡其貴官士庶求書

問字謁請者概與延接尋繹舊聞質疑削妄又致
語國王求其山川圖籍于是其屬三十六島之名
與其國三省轄屬之制今始大顯置棊聚米繪以
為圖太史日居小樓手自題署因并海舟針路封
宴禮儀世系官制冠服風俗物產之詳一一備其
形狀右圖左錄凡二十餘目分為上下兩冊縹裝
錦褁以為使歸之獻庚子秋七月十一日至熱河
行宮復
命既陳

乙覽藏之秘府矣茲以副墨排纂分為六卷而少加詳焉命曰中山傳信錄今年秋鋟板始成余遊京師適與校讐之末獲觀其全先後銓次不支不漏有典有則以云傳信誠哉其無媿斯目已余隨封逾年太史採風幸附摎討今三省五嶽太史圖録已標其大以余所聞又有四森焉森猶云府也其地有名山森森然如首里有辨嶽龜山泊府則有天久久米有雲巒那覇有辻山此四府皆王公冠蓋里居故得稱為森其他民廬聚落但稱間切而巳

中山世鑑世系備矣竊聞天孫氏開闢此土如中國之盤古氏二十五傳至舜天當南宋時誅逆臣定國三傳至義本求賢于野而禪以位如中國之堯舜尚巴志雄武能一其國尚圓崛起北山臣庶推戴如中國之湯武尚圓弟宣威既立六月能拔植幼主而退居臣位謚為義忠如中國之伊周此國中故老所傳可補史贊太史載筆謹嚴先其大者余竊掇拾之以附于次又聞國中有三國志載中山山南山北王時事甚悉而未見其書則闕以

俟考皆太史志也至其採訪之勤蒙也不才屡獲
遊從披殘碑于荒艸問故壘于空山涉海探奇停
驂吮墨詳慎苦心實所親見故忘其固陋為志数
言于後以見採風之使誠未有如茲役者日出海
隅彬彬文物昔之稱斯邦者云何今之稱斯邦者
云何覽是編者于
聖朝風教之遠不已略見其一斑矣乎康熙六十年辛
丑秋八月海槎從客建安翁長祚謹述於京師之
梁氏園